ARIZAL

Le Prince des Kabbalistes

La vie et œuvres du Arizal,

Rabbi Itshak Louria

R. Raphael Afilalo

Du même auteur :

La Kabbalah du Arizal, selon le Ramhal

Dictionnaire de Kabbalah

160 Questions sur la Kabbalah

Concepts de Kabbalah

Afilalo, Raphael
Arizal: Prince des Kabbalistes/ Raphael Afilalo
p.cm.

ISBN 2-923241-28-2
1. Cabala. 2. Mysticisme—Judaïsme. I. Afilalo, Raphael.
II..
BM525. BM723 2005
296.1'6

À la mémoire de mes parents

Abraham, David, Hanania et Zahra Afilalo ז׳ל
Et Zohara Soulika Bat Deborah ז׳ל

MORDECHAI ELIAHU
FORMER CHIEF RABBI OF ISRAEL & RICHON LEZION

מרדכי אליהו
הראשון לציון ורהב הראשי לישראל לשעבר

בס"ד

APPROBATION

ב"ה

[handwritten Hebrew approbation letter]

RABBI DAVID HANANIA PINTO
Rehov Bayit Vegan 37
Jerusalem - Israel
Tel: (972-2) 643 3695
Fax: (972-2) 541 3945 • 543 3670

דוד חנניה פינטו
רחוב בית וגן 37
ירושלים - ישראל
טל: 026433695
פקס: 026433370 026433945

ב"ה

בל"ח יום חמישי לסד "וישב" תשס"ז

שלום וברכה

המלצה

באתי בזאת להמליץ על הספר "Kabalah Dictionary"
(מילון הקבלה) שכתב הרב רפאל אפללו שליט"א. בספר חנ"ל
יש הגדרות ומונחים על קבלת הרמח"ל זיע"א הכל מסודר
בצורה נאה ונוחה ללימוד ולעיון בו.

לאור ההמלצות חרבות שקבל הספר, נשאר לי רק להמליץ
עליו בכל לב.

אני מברך בזכות אבותי הקדושים זיע"א את המחבר שליט"א
לברכה והצלחה ושיזכה להוציא מתחת ידו עוד ספרים לזכות
הרבים ושיעלה מעלה מעלה בתורה וביראת שמים. אמן

ע"ח דוד חנניה פינטו ס"ט

ס"ט לאלפים
כ"ק הדמו"ר
רבי חיים פינטו זיע"א
בנשיאות ע"ה
דוד חנניה פינטו
בן הורה כמוהר"ר
רמ"פ אהרן
פינטו זיע"א

ישיבת נפש חיים
כולל אורות חיים ומשה
כולל משכן בצלאל

רחוב בית וגן 97
ירושלים - ישראל
טל: 026433945
פקס: 026433945

מוסדות אורות חיים ומשה

OHR HAÏM VÉMOCHÉ
11, Rue Du Plateau
75019 Paris • France
Tel: (33-1) 42 08 25 40
Fax: (33-1) 42 08 50 85

YÉCHIVA PINTO
20 Bis, Rue Des Mûriers
69100 Villeurbanne
France
Tel: (33-4) 78 03 89 14
Fax: (33-4) 76 68 68 48

JERUSALEM • ASHDOD • PARIS • LYON • MONTREAL • TORONTO • BUENOS AIRES • MANCHESTER

בס"ד

הרבנות הראשית רמלה
לשכת הרב אביחצירא רחוב גולומב 25 רמלה טל: 08-9225360
YEHIEL ABEHSSERA
Grand Rabbin de Ramleh
B.P.4 Ramleh
(ISRAEL)
רחוב הרצל 45 ת.ד 4 רמלה טל. בית 08-9221122

שלומי רב

[handwritten Hebrew approbation letter]

בברכת התורה ולומדיה
יחיאל אבוחצירא
הרב הראשי לרמלה

בס"ד

DAVID R. BANON
RABBIN DU CENTRE SÉPHARADE DE LAVAL
MEMBRE DU BEITH DIN DE MONTRÉAL

דוד רפאל באנון
רב בית הקהילה הספרדית בלאוואל
הבד"ץ דמונטריאל

[handwritten Hebrew approbation letter]

בברכה, דוד רפאל באנון

4773, RUE CLÉMENCEAU – CHOMEDEY LAVAL – P.Q. H7W 2J5 – CANADA TEL: (450) 681-6412 FAX: (514) 341-0594

Introduction

Baroukh[1] H' que l'autorisation a été donnée d'en haut pour révéler au public non hébraïsant la grandeur de l'une des figures les plus importantes de l'histoire juive, et en particulier de la Kabbalah.

Rabbi Itshak Louria, connut sous le nom de Ari[2] ou Arizal est né à Jérusalem en 1534, dans sa courte vie, il a grandement influencé l'apprentissage et le développement de la Kabbalah. Personne à aujourd'hui, n'ose réfuter ou contredire l'un de ses enseignements. Le niveau de ses connaissances et révélations a été et est encore bien au-dessus de la compréhension possible de la plupart des hommes. Pour mieux décrire sa nature céleste, son élève principal Rabbi Haim Vital écrit en guise d'introduction dans l'une de ses œuvres ce qui suit :

> Le Ari débordait de Torah, il était expert dans les écrits, la Michna, Le Talmoud, Midrash, Maaseh Bereshit [3] et Maaseh Merkavah [4]. Sur tous les différents niveaux de prophétie, leurs détails et de quel niveau les prophètes avaient leurs révélations. Il comprenait le sifflement des arbres, de l'herbe et des pierres, le langage des oiseaux et d'autres animaux, les conversations des anges, le scintillement d'une bougie. Il pouvait lire les lignes de la main ou du

---

[1] Bénis est Dieu
[2] Lion et aussi initiales de Aloki Rabbi Itshak – Divin Rabbi Itshak – De mémoire bénite
[3] Ce qui fut créé depuis le début de la création ainsi que ses détails
[4] Chariot céleste - Sephirot et Partsoufim

visage de la manière décrite dans le Zohar (2 :74 b). Il pouvait discerner tout ce qu'un individu avait fait et voir ce qu'il fera à l'avenir. Il pouvait lire les pensées d'une personne, avant même que la pensée n'entre dans son esprit. Il voyait les évènements futurs et connaissait tout ce qui se passe ici ou décréter dans les cieux.

Il comprenait les mystères de la réincarnation, qui était né avant ou incarné pour la première fois. Il pouvait parler à l'âme d'une personne en face de lui, connaître ses incarnations précédentes, ce qu'il avait fait à partir du jour où il était né jusqu'à maintenant et quel est son présent Tikoun[5]. Il pouvait dire à une personne ses péchés dans sa vie précédente, et pourquoi il était revenu dans la vie présente. Il pouvait en regardant quelqu'un lui faire savoir comment il était relié à des niveaux spirituels supérieurs, et quelle est sa racine d'origine dans Adam Harishon.

Le Ari pouvait voir des choses extraordinaires à propos de quelqu'un à la lumière d'une bougie ou à travers la flamme d'un feu. Il était en mesure de voir les âmes des justes, ceux qui étaient morts récemment ou avaient vécu dans les temps anciens. Avec ces âmes, il étudiait les secrets célestes. Par l'odeur d'une personne, il était en mesure de savoir tout ce qu'il avait fait. Les pécheurs l'évitaient, il pouvait voir à travers eux et savoir ce qu'ils ont fait

---

[5] Réparation - Rectification

ou penser. Quand les hommes sincères voulaient se repentir, alors il leur disait quelle était leur exact Tikoun pour restaurer et réparer complètement leurs âmes. Il disait à ses élèves comment les âmes perdues lui venaient par milliers chaque fois qu'il était dans les champs. Elles remplissaient les arbres, les rivières et lui demandaient de les aider et les réparer. Il connaissait chaque acte qu'une personne avait fait ou ferait à l'avenir, voir toutes ses pensées présentes et prévoir toutes les futures. Il pouvait voyager de grandes distances en se concentrant et en projetant son corps physique instantanément. Tous les secrets et les mystères étaient en lui et divulgués chaque fois qu'il le souhaitait. Tout cela nous en avons été témoins de nos propres yeux et non entendus des autres. Cela était des choses extraordinaires jamais révélées depuis l'époque de Rabbi Shimon bar Yohai. Ce n'était pas grâce à la magie, car il est fortement interdit d'utiliser ces forces. Au lieu de cela, cela lui venait naturellement à cause de sa sainteté et de son ascétisme après avoir étudié pendant de nombreuses années des anciens et plus récents textes kabbalistiques. Il augmenta et atteint des niveaux plus élevés de piété et sainteté où le prophète Eliyahou se révélait à lui continuellement, et lui parlait directement pour lui enseigner ces secrets.

J'ai essayé avec ce travail de donner d'abord une description véridique de la vie extraordinaire du Arizal en traduisant et annotant des publications connues comme « Shivhe HaAri » et « HaAri Vegouriav » qui décrivent les faits véridiques de ses merveilles, comme ont témoigné et confirmé ses contemporains. Dans la deuxième partie, j'ai traduit et expliqué quelques extraits de ses œuvres principales afin de donner une première idée du niveau extrêmement élevé de ses révélations et explications de la Kabbalah authentique. J'ai choisi de ne pas traduire certains écrits comme Shaare Hakdamot, Shaare Mamarei Rashbi ou Shaare Mamarei Razal, car ils sont sur des concepts très avancés de la Kabbalah et au-dessus de la portée de ce livre.

ARIZAL – Sa vie

La ville de Jérusalem avait été conquise par le Sultan Suliman de la Turquie en 5277-1517. Une population d'environ 600 Juifs vivait dans la pauvreté et comptait surtout sur la Tsedakah[6] envoyée de l'extérieur.

A Jérusalem vivait Rabbi Shlomo Louria, un homme honnête craignant Dieu, avec sa femme et n'avait pas encore d'enfants. Un jour en l'an 5294 – 1534, il demeura seul dans la synagogue pour étudier plus longtemps que d'habitude. Le prophète Eliyahou apparut et lui dit : Dieu m'a envoyé en tant que messager pour vous faire savoir que votre femme donnera naissance à un fils que vous nommerez Itshak. Il sera un sauveur pour Israël des Klipot – forces négatives, il fera le Tikoun de beaucoup d'âmes réincarnées et à travers lui sera révélée la sagesse de la Kabbalah. Aucune connaissance ne lui sera omise et son nom sera reconnu partout. Cependant, je vous demande, quand il sera temps de le circoncire ne commencez pas jusqu'à ce que vous me voyiez. Rabbi Shlomo étonné par cette révélation, resta toute la journée dans la synagogue pleurant et implorant Dieu d'accomplir cette promesse.

Peu de temps après, sa femme tomba enceinte, Rabbi Shlomo se rendit compte de la réalisation de la promesse et sa joie n'avait pas de bornes. Bientôt, un garçon naquit et la préparation de la Brit Mila pour le huitième jour commença. Toute la communauté était invitée à se joindre à la fête à la synagogue. Quand Rabbi Shlomo arriva, il commença à

---

[6] Charité

chercher le prophète Eliyahou, mais ne le trouva pas. Les invités arrivaient et tout le monde attendait avec impatience le début de la cérémonie. Rabbi Shlomo commença à avoir des doutes quant à la prédiction, 'peut-être ai-je fait quelque chose de mal' pensa-t-il. Lorsqu'on le questionna sur la raison pour laquelle la cérémonie n'avait pas encore commencé, il répondit qu'il attendait que d'autres membres de la famille arrivent. Enfin, en levant les yeux, il vit le prophète Eliyahou qui dit : vous pouvez commencer maintenant, je vous ai fait attendre pour vous mettre à l'épreuve et voir si vous alliez m'attendre tel que je vous l'ai demandé. Personne ne pouvait voir le prophète à côté de Rabbi Shlomo. Le bébé fut circoncis et redonné à sa mère. Sur le chemin du retour, à la stupéfaction de tous, sa plaie était déjà cicatrisée, un miracle dirent-ils.

L'enfant grandit et commença à étudier, son intelligence était bien supérieure que quiconque autour. À l'âge de trois ans, il pouvait déjà faire la prière avec son Sidour. À huit ans, il était expert en Halakha, sa mémoire était phénoménale et personne ne pouvait l'affronter ou le défier quant à ses connaissances sur les différents textes. Au cours de cette période, son père Rabbi Shlomo décéda et sa mère lui dit : Je suis maintenant veuve et n'ai pas les moyens pour t'acheter les livres dont tu as besoin, allons en Egypte chez ton oncle, il est très riche, et là, tu auras tout ce dont tu as besoin. Ce que tu veux que je fasse, je ferais, répondit le jeune Itshak. La famille se rendit en Egypte et fut accueillie par l'oncle Rabbi Mordekhaï Francis qui était respecté par la communauté pour sa générosité et son savoir. Il s'était installé en Egypte après l'expulsion d'Espagne avec d'autres sages afin de construire une nouvelle communauté. Il accueillit sa sœur et ses enfants et les prit en charge s'assurant qu'ils bénéficient de toute la sécurité et confort requis. Il les traita comme ses propres enfants. Le jeune Itshak reçut tout le matériel et les livres dont il avait besoin pour ses études.

Rabbi Betsalel Ashkenazi devint son tuteur, ils avaient entendu qu'il était un enfant prodige. Rabbi Itshak étudia avec lui jusqu'à l'âge de quinze ans. Déjà là, sa compréhension et ses connaissances étaient supérieures à tout autre étudiant en Egypte. Le Arizal était maintenant adulte et son oncle lui donna sa fille à marier.

Le Zohar

Environ deux ans plus tard, le Arizal était assis dans la synagogue, son siège n'était pas à l'avant avec les membres éminents de la communauté, vu qu'il préférait s'asseoir à l'arrière avec les moins fortunés et les étrangers de passage. En face de lui s'assit un marchand ambulant. Le Arizal remarqua que le marchand tenait un manuscrit, il s'approcha et en le parcourant, il réalisa qu'il contenait des secrets très profonds. Il demanda au commerçant s'il connaissait le contenu du manuscrit et ce dernier admit honteusement qu'il ne savait pas lire et tenait un livre pour ne pas paraître ignorant face aux autres. Le Arizal lui demanda de le lui vendre, mais il refusa disant qu'il n'avait pas besoin d'argent, mais que si le Arizal accepte de parler à son beau-père pour annuler les taxes d'importation sur sa marchandise, il lui donnera. Ceci fut accompli et le Arizal prit possession du manuscrit qui n'était rien d'autre qu'une copie authentique du Zohar.

Pendant les six prochaines années, le Arizal allait consacrer sa vie à comprendre les écrits du Zohar. Il se retira dans une cabane sur les rives du Nil, ne sortant que pour Shabbat pour être avec sa famille et retournant aussitôt que le Shabbat finissait. Il mettait beaucoup d'effort pour comprendre le Zohar, passant parfois des jours et des nuits sans sommeil sur un sujet afin de le saisir correctement. Dans ses rêves, on lui disait s'il comprenait autant que Rabbi Shimhon Bar Yohai, ou s'il avait besoin de s'y attarder plus profondément. Comme il déclara ; pour atteindre la sagesse nécessaire à cette profonde connaissance, on devrait autant que possible être silencieux et éviter toutes conversations inutiles.

Le Arizal atteint des niveaux élevés de sainteté et de pureté. Eliyahou le prophète vint à lui pour lui faire savoir qu'il avait été envoyé par Dieu pour lui enseigner les secrets profonds de la Kabbalah, que rien ne lui serait caché et que tous les secrets lui seraient maintenant révélés. Il mérita aussi que tous les soirs après qu'il se soit endormi et que son âme montait avec toutes les autres âmes, que des anges l'accompagnent à la Yeshiva de son choix. Certaines nuits, il allait à celle de Rabbi Akiva, Rabbi Eliezer, un prophète ou celle de Rabbi Shimon Bar Yohai.

Une nuit à l'âge de trente-six ans, alors qu'il monta à la Yeshiva de Rabbi Shimon Bar Yohai, ils lui dirent ; que fais-tu dans cette terre impure, va en Galilée où tu pourras atteindre des niveaux encore plus élevés de sainteté et de compréhension. Sache que tes jours sont courts, et que là-bas sera ton repos final. Tu rencontreras ton principal élève Rabbi Haïm Vital, une très grande âme, dans une réincarnation précédente, il t'a enseigné beaucoup de Torah, maintenant tu lui rendras la pareille en lui enseignant tous les secrets que tu apprendras.

Le lendemain matin, lui et sa famille quittèrent l'Egypte pour Tsfat en Israël. Il y trouva de prodigieux érudits de Torah et Kabbalah, tel que Rabbi Moché Kordovero, Rabbi Yosef Karo et autres.

Rabbi Moshe Kordovero

Le Ramak - Rabbi Moshe Kordovero était le principal kabbaliste à Tsfat, il avait écrit des œuvres importantes sur la Kabbalah et était un homme de grande sainteté et sagesse. Le Arizal préféra rester discret sur ses connaissances de la Kabbalah, il ne voulait d'aucune manière perturber ou s'imposer en contestant l'autorité en place.

Peu de temps après, Rabbi Moshe Kordovero était sur son lit de mort, ses élèves et d'autres rabbins vinrent lui rendre un dernier hommage. Il leur dit : sachez que viendra après moi un homme qui vous ouvrira les yeux sur la Kabbalah. Même si au début ses enseignements sembleront contredire les miens, ce sera faux. Dans mon temps, les conduits à cette connaissance étaient limités d'en haut, dans son temps ils seront plus ouverts. Quand ses étudiants entendirent cela, ils insistèrent pour avoir le nom de ce maître, il refusa en disant ; s'il a choisi de ne pas se manifester jusqu'à présent, je ne révélerais pas son nom. Le jour de mon enterrement, celui qui verra une colonne de nuages qui me devance est l'homme choisi par Dieu pour révéler cette connaissance à son peuple. Au cimetière, ils voulaient l'enterrer à côté d'éminents rabbins, le Arizal dit ; ce n'est pas son lieu de repos ; la colonne de nuage qui l'a précédé est là-bas - montrant un autre endroit. Ils réalisèrent alors que le Arizal était le maître dont Rabbi Kordovero leur avait parlé.

Femme de valeur

À Tsfat, dix hommes furent nommés pour superviser la sauvegarde des valeurs morales de la communauté. Tôt un matin, un de ces hommes ouvrit sa fenêtre pour voir si c'était l'aube afin d'aller à la synagogue. Dans la faible lumière du lever du jour, il vit une femme habillée avec ses vêtements de Shabbat sortir de chez elle.   Il savait que le mari de cette femme était à l'étranger, où donc allait elle se demanda-t-il ? Discrètement, il la suivit et vit qu'elle allait dans une maison où logeait un homme de valeurs douteuses. C'est sûr que cette femme est sur le point de commettre un péché, pensa-t-il. Je vais attendre après la Tefilah et dire aux autres membres ce que j'ai vu. Lorsque la Tefilah fut terminée, il demanda à l'assistant de rassembler tous les membres, car il devait révéler ce qu'il a vu de ses propres yeux.

Avant qu'il ne commence à parler, le Arizal lui dit ; tais-toi, ne parle pas négativement des filles innocentes d'Israël, la femme que tu as vue ce matin à l'aube est une femme propre et pure. Un homme est venu de l'étranger avec une lettre et de l'argent à lui donner de la part de son mari. Elle voulait d'abord envoyer quelqu'un pour les chercher, mais il refusa en spécifiant qu'il avait promis à son mari de les remettre lui-même à sa femme et lui transmettre un message personnel. L'homme tomba aux pieds du Arizal, implorant le pardon. Le Arizal dit ; pourquoi demandes-tu mon pardon ? Va t'excuser auprès de cette femme envers qui tu allais porter un faux témoignage. Il le fit, et l'on commença à parler de la sainteté du Arizal.

Je ne suis pas un prophète

La plupart n'étaient pas convaincus des talents de ce jeune rabbin. Deux des rabbins les plus importants de la ville décidèrent de le constater d'eux-mêmes. Ils vinrent à lui et dirent ; nous avons entendu que tu es un prophète, est-ce vrai ? Non, répondit-il, je ne suis ni prophète ni fils de prophète et je ne connais pas grand-chose. Tout en leur parlant, un homme qui passait par là frotta ses vêtements sur le Arizal. Ce dernier dit ; que Dieu te pardonne, maintenant je vais devoir me plonger à quelques reprises dans le Mikvé[7]. Curieux, les deux rabbins suivirent l'homme et lui demandèrent ce qu'il avait fait pour provoquer une telle réaction du Arizal. Honteux, il leur dit que le Yetser Hara[8] avait pris possession de lui et qu'il avait eu une relation intime non naturelle avec sa femme. En entendant cela, les deux rabbins vinrent avec d'autres rabbins se prosterner devant le Arizal. S'il te plaît, implorèrent-ils, ne retiens pas ta bonté envers nous, nous sommes prêts à être tes élèves et à apprendre ta Torah. Il commença alors à leur révéler de profonds secrets. Ils étaient stupéfaits et depuis ce jour, ils restèrent près de lui à apprendre.

Rabbi Haïm Vital

Rabbi Haïm Vital était à Damas, tous les soirs, le Arizal apportait son âme et lui demandait ; Rabbi Haïm, pourquoi ne venez-vous pas apprendre ? Ne savez-vous pas que je suis

---

[7] Bain rituel
[8] Mauvais penchant

venu dans ce monde pour réparer votre âme et vous enseigner des secrets très profonds qui n'ont jamais été révélés à personne jusqu'à maintenant ? Dans la matinée, Rabbi Vital parlait ironiquement de ce qui s'était passé à ses étudiants et collègues. Il se considérait comme un érudit et kabbaliste supérieur au Arizal.

Un jour, il décida d'aller vérifier pour lui-même si ce qui se disait sur le Arizal était vrai. En arrivant à Tsfat, il alla chez le Arizal et lui demanda d'expliquer un texte dans le Zohar qu'il ne pouvait pas comprendre. Le Arizal répondit et révéla des secrets très profonds à ce sujet. Rabbi Vital était si étonné qu'il en perdit presque conscience. Rabbi Vital le questionna sur un autre sujet difficile dans le Zohar et les réponses le laissèrent encore plus étonné. Il essaya de questionner une fois de plus, mais le Arizal l'arrêta ; tu as assez demandé, tu n'es pas digne d'en savoir plus.

Honteux, Rabbi Vital quitta, se couvrit d'un sac et de cendres et commença à prier et pleurer pour trouver grâce aux yeux du Arizal, et que ce dernier accepte de lui enseigner ces secrets de la Torah. Le lendemain, il revint voir le Arizal en pleurant et en lui baisant la main. Il le supplia de l'accepter comme son élève. Puisqu'il t'a fallu trois mois avant que tu ne te décides à venir, tu ne le mérites pas, mais les cendres avec lesquelles tu t'es couvert la nuit dernière ont fait le Tikoun[9] nécessaire. Par conséquent, ne crains pas, je ne cacherais de toi aucun des secrets de la Torah. À partir de ce jour-là, il s'assit avec les autres élèves pour étudier.

---

[9] Rectification

Toutes les plumes du monde

Ses élèves lui demandèrent un jour ; pourquoi notre maître n'écrit pas un livre sur ses connaissances pour guider les générations futures. Il répondit ; même avec toutes les plumes du monde, il ne suffira pas d'écrire ce que je sais. Quand j'ouvre ma bouche pour vous expliquer un secret de notre Torah, il y a une multitude de pensées qui déferlent dans mon esprit et je tente d'ouvrir un petit conduit pour les diriger vers vous afin que vous ne soyez pas noyé et ne rien comprendre, tel un bébé qui reçoit d'un seul coup un grand flot de lait. Je préférerais que seul Rabbi Haim Vital note et écrive. Lui seul peut comprendre la signification de ces pensées intérieures, car il est une étincelle de l'âme de Rabbi Akiva.

Un jour à la synagogue, Rabbi Moché fut appelé à la Torah. La lecture était la Parasha Vayelech. Quand il finit, il alla comme d'habitude saluer le Arizal, qui lui dit ; comment se fait-il que tu notes toujours mes cours alors que j'ai spécifiquement demandé à ce que nul ne les écrive à l'exception de Rabbi 'Haïm Vital ? Rabbi Moché recula par surprise et répondit ; non maître, depuis le jour où tu nous as demandé de ne pas écrire, je n'ai rien écrit. La Torah ne ment pas dit le Arizal, dans la partie que tu as lue, il est dit ; "Moshe a écrit" et je sais que sur les documents à l'intérieur de ta poche, tu as noté mes enseignements. Stupéfié, Rabbi Moché ne pouvait point répondre.

La connaissance illimitée du Arizal

Il connaissait à propos du Maase Bereshit [10] et Maase HaMerkavah[11]. Sur tous les différents niveaux de prophétie, leurs détails et à partir de quel niveau les prophètes recevaient leurs révélations. Il comprenait le bruissement des arbres, de l'herbe et le bruit des pierres, le langage des oiseaux et d'autres animaux, les conversations des anges, le clignotement d'une bougie. Il pouvait lire sur un visage ou les lignes de la main. Il pouvait précisément interpréter un rêve. Il pouvait parler à l'âme d'une personne en face de lui ; connaître ses incarnations précédentes, ce qu'il a fait depuis sa naissance jusqu'à maintenant et quel était son actuel Tikoun. Il pouvait voyager très loin en se concentrant et en projetant instantanément son corps physique.

La flamme scintillante

Une fois, le Arizal alla rendre visite Erev Shabbat[12] à Rabbi Yosef Ashkenazi. Comme d'habitude, il était en train d'étudier des Mishnayot, quand tout à coup, la flamme de la bougie commença à scintiller pendant un long moment. Par la suite, lorsque le Arizal partit, il rencontra dans la rue le Rabbin Abigdor fils de Rabbi Yosef Ashkénazi. Comment va votre jeune frère demanda le Arizal ? Effrayé, il demanda pourquoi le Rav se renseignait sur lui. Il est alité, lui répondit-il. La flamme de la bougie m'a dit qu'il décédera cette semaine. Et ce fut ainsi.

---

[10] Ce qui fut créé depuis le début de la création ainsi que ses détails
[11] Chariot céleste - Sephirot et Partsoufim
[12] Vendredi soir

Lecture de la main

Le Arizal enseignait à Rabbi Haïm Vital tout ce qu'il désirait apprendre. Rabbi Vital lui avait demandé à plusieurs reprises de lui enseigner la lecture des lignes de la main. Le Rav reportait tout le temps cet enseignement en lui demandant ; pourquoi veux-tu apprendre cette science ? La connaissance de la Kabbalah est suffisante pour toi, car tu peux comprendre tout ce que tu désires à partir de celle-ci.

Un jour, le Rabbi Vital demanda à une pauvre veuve de venir le lendemain avec sa jeune fille voir le Arizal. Demain, c'est Pourim dit-il ; demande au Arizal de lire les lignes de la main de ta fille. Tu diras que tu n'as qu'elle et que tu désires savoir ce qui lui adviendra. L'intention de Rabbi Vital était de se tenir derrière le Rav et d'apprendre quelles étaient les lignes de coeur, longévité et autres, au moment où le Arizal les examinera.

Le lendemain, le Arizal était assis avec ses élèves leur enseignant les secrets de Pourim et Rabbi Vital était assis en face de lui. La veuve vint avec sa fille et dit au Arizal : Maître, vous savez qu'aujourd'hui tout pauvre qui tend la main recevra, encore plus pour une pauvre veuve comme moi. Le Arizal se tourna vers ses élèves et dit : donnez à cette femme ce dont elle a besoin pour qu'elle puisse également jouir de sa fête de Pourim. Je ne suis pas venue vous quémander de l'argent, ma fille est tout ce que j'ai, est-il possible que le Rav lise les lignes de sa main et nous dise ce qui va lui arriver. Le Rav répondit : cette idée et tactique de Rabbi Vital n'aideront point, car je sais que c'est lui qui t'a demandé de venir me voir ici. Je ne te renverrai pas les mains vides, demande à ta fille de se tenir à deux mètres de moi, et de cette distance je

27

lirai les lignes de sa main. Il commença par lui dire ce qu'elle avait fait depuis sa naissance et ce qui allait lui arriver jusqu'au moment de sa mort. Rabbi Vital était effrayé, inconfortable et ne pouvait affronter ou regarder le Arizal.

Les lignes sur le front

Le Arizal savait aussi lire les lignes sur le front. Il pouvait voir l'origine de l'âme d'une personne, ses péchés, la raison pour laquelle elle est venue au monde et ce qu'elle avait à réparer. Ce qui lui est arrivé depuis sa naissance et ce qui lui arrivera jusqu'au moment de sa mort. Ce qui s'est passé quand son âme s'est élevée la nuit précédente, ce dont elle a rêvé, le verset de la Torah qu'elle a étudié durant son ascension. Quel verset de la Torah est la racine de son âme. Il pouvait voir l'effet de ses péchés, ce qu'ils avaient endommagé et jusqu'à quel degré. Quel était le Tikoun nécessaire pour réparer les dégâts causés par cette personne et comment y parvenir. Pour chaque personne, il pouvait identifier exactement ce qu'il devait faire pour son Tikoun

Celui qui vint pour mettre le Arizal à l'épreuve

Un homme riche de Constantinople était venu passer Pessah à Tsfat. Pendant qu'il était là, il entendit parler des merveilles qui étaient dites au sujet du Arizal. Quand il se renseigna là-dessus, on lui raconta non seulement sur ce qui s'était passé, mais encore plus des merveilles découlant de ses perceptions surnaturelles.

Quand cet homme revint à Constantinople, il raconta à son tour ce qu'il avait entendu, comment le Arizal pouvait révéler à quelqu'un les péchés qu'il avait commis depuis sa jeunesse et la manière dont il pouvait les réparer. Un homme écoutait attentivement, il avait péché plus que quiconque. Il se dit ; je vais aller à Tsfat et voir de mes propres yeux si cela est vrai. S'il me parle des péchés que j'ai faits, je ferai Techouva[13] et j'accepterai de faire tout ce qu'il me dira ; sinon, ce sera une preuve qu'il n'y a pas de justice et que le monde se gouverne par lui-même.

Dans le but de constater cela, il vint à Tsfat. En route, il s'assit près de la rivière pour manger et boire. Il leva son verre de vin et dit ; Rabbi Itshak, je bois à ta santé et à celle de tes amis. Le Arizal avait dit tout récemment à ses élèves ; bientôt un homme viendra de Constantinople pour m'analyser. C'est un grand pécheur, quand il viendra, il s'assoira près de la rivière et dira qu'il boit à ma santé et à la vôtre. Quand il vous demandera de le diriger vers moi, s'il vous plaît, faites-le. Il a une âme d'une origine très haute ; du roi Ahav roi d'Israël, à travers moi, il sera corrigé.

Peu de temps après, il demanda à voir le Rav et fut amené à lui par ses élèves. En s'approchant de lui, il fut ébloui par l'éclat de son visage. Il demanda ; êtes-vous l'homme qui peut voir les péchés d'un homme depuis sa naissance ? Oui, lui répondit-il. Sache que je suis un grand pécheur, et si tu me dis quels sont mes péchés, je saurai que tu es animé divinement. Le Rav demanda à tous de sortir de la salle et dit à l'homme ; tu es un tel, fils de tel... tel jour, tu as fait ce péché et tel autre jour, tu as fait cet autre péché ; il continua de lui parler de ses péchés à partir de sa naissance jusqu'à aujourd'hui. L'homme tomba à ses pieds et avoua : j'ai péché, j'ai menti, j'ai blessé, etc.... Le Arizal dit ; pour faire le Tikoun

---

[13] Repentance, retour à Dieu

de ce que tu as fait, tu dois jeûner pendant un certain nombre de jours, t'immerger dans un Mikvé et lire dix pages de Zohar par jour. À partir de ce jour, il arrêta de pécher et se repentit de ce qu'il avait fait.

Les âmes réincarnées

Le Arizal pouvait dire si une âme était à sa première, deuxième ou autre réincarnation. Si c'était une âme d'un pécheur réincarné dans un animal, un végétal ou un minéral, il pouvait l'identifier et lui parler.

Un jour, le Arizal alla avec ses élèves visiter la tombe d'un Tsadik. Un corbeau vint et se posa sur une branche d'un olivier devant le Rav. Le Arizal demanda si quelqu'un connaissait un percepteur qui vivait à Tsfat et qui se nommait Shabtai. Quelqu'un répondit qu'il le connaissait, et qu'il était un pécheur particulièrement dur et cruel avec les pauvres. Il est réincarné dans ce corbeau dit le Rav. Il m'a dit qui il était. Et puisqu'il était si dur avec les pauvres pour les impôts et qu'il leur prenait leurs manteaux, il a été condamné à souffrir et à se réincarner dans ce corbeau. Il me demande maintenant de prier pour lui. Le Arizal le réprimanda et dit ; toi pécheur, poursuis ta route, et le corbeau s'envola.

Une fois le Rav était assis avec ses élèves. Il leur demanda s'ils connaissaient quelqu'un du nom de tel, fils d'untel. Ils lui répondirent qu'ils le connaissaient et qu'il était un délateur et un méchant homme. Le Rav leur dit qu'en raison de ses péchés, il a été réincarné en souris. Il demanda aux élèves de faire une boîte et la souris fut mise dedans. Le Arizal commença à parler à la souris devant tout le monde et demanda ; pécheur, à quoi pensais-tu lorsque tu étais dans

30

ce monde à dénoncer les pauvres d'Israël, qu'il n'y avait pas de justice dans les royaumes supérieurs ? J'ai péché mon seigneur, s'il te plaît, ai pitié de moi, prie pour que je sois libéré de cette prison, du corps de cette souris et fais-moi entrer dans Gehinom[14], là j'aurai ma punition et non ici où ma souffrance est insupportable. Tu n'es pas encore prêt pour Gehinom, lui répondit le Rav. Puis il leur demanda d'ouvrir la boîte et la souris s'enfuit.

Balak et Bilaam

Une fois, deux corbeaux vinrent se poser sur un arbre. Le Rav dit à ses élèves : ces deux corbeaux sont la réincarnation de Balak et Bilaam. Ils sont partis d'un Gehinom pour être envoyés à un autre encore plus sévère. Ils sont venus à moi pour que je prie pour eux. Le Rav se mit en colère et leur dit ; pécheurs, vous avez voulu détruire la nation d'Israël et maintenant vous venez à moi, partez et poursuivez votre route. Immédiatement, ils déployèrent leurs ailes et s'envolèrent.

'Ibour Neshama - Attachement d'une âme

Un jour, le Rav était assis avec ses élèves, le Rav Shmouel Uzidah[15] qui était encore un jeune homme, vint poser une question au Arizal. Lorsque le Rav le vit venir, il se leva, lui souhaita la bienvenue et lui fit grand honneur. Quand il sortit, Rav Vital demanda au Rav, s'il te plaît maître, explique-moi pourquoi as-tu tant honoré ce jeune homme, plus que je ne t'ai jamais vu faire à quiconque. Ce n'est pas à cause de ce jeune homme que je me suis levé et ai agi de façon

---

[14] Purgatoire
[15] Auteur de Midrash Shmuel

respectueuse, c'est parce que Rabbi Pinhas ben Yaïr est venu avec lui. Aujourd'hui, son âme est attachée à l'âme du jeune homme en raison d'une Mitsva qu'il a fait aujourd'hui que Rav Pinhas Ben Yair faisait auparavant. Pour le mérite d'avoir fait une telle Mitsva si importante, il a attaché son âme à la sienne pour l'aider et l'appuyer.

Lorsque Rav Vital entendit cette explication, il courut après le jeune homme et quand il parvint à lui, il lui demanda ; s'il vous plaît Rabbin, dites-moi quelle Mitsva avez-vous faite aujourd'hui ? Eh bien, ce matin, quand je me suis réveillé tôt comme d'habitude pour être parmi les dix premiers hommes à la synagogue, sur mon chemin, j'ai entendu des cris provenant d'une maison et lorsque j'y suis entré j'ai vu que tous les membres de la famille qui y vivaient étaient tous nus. Ils me dirent que les voleurs étaient venus à leur domicile et les dépouillèrent de tout ce qu'ils avaient, y compris leurs vêtements incluant ceux qu'ils portaient. J'ai donné mes vêtements au père et suis rentré chez moi porter mes vêtements de Shabbat. En entendant cela, Rav Vital retourna à son maître pour lui raconter l'histoire ; c'est en raison de cela qu'il mérita que cette grande âme lui soit attachée, dit le Arizal.

Une âme étrangère dans un corps

Le Arizal pouvait parler aux âmes positives et négatives. Lorsqu'une personne possédait une âme négative, il avait le pouvoir de communiquer avec elle et lui ordonner de sortir de ce corps.

À Tsfat, un neveu du Rav Yehoshuah ben Nun âgé de dix-huit ans se trouvait dans la Yeshiva. Lorsque le Arizal le vit, il dit à son père ; une âme négative s'est introduite dans ton fils. Le père répondit ; il n'a qu'un problème cardiaque et cela depuis douze ans, ses médecins disent qu'il va beaucoup mieux. Vous allez voir maintenant qu'il y a une âme en lui, dit le Arizal. Il demanda à l'âme de s'identifier ; elle lui répondit qu'elle se trouvait dans le corps du garçon depuis douze ans. Pourquoi es-tu si longtemps dans ce garçon ? demanda le Arizal. L'âme répondit ; dans ma réincarnation précédente, j'étais un pauvre homme qui vivait de la charité, ce garçon était l'inspecteur responsable de donner la charité. Je l'ai supplié de m'aider et de me donner la Tsedakah, il refusa et je suis mort de faim. Le tribunal céleste a décrété qu'en raison de mon décès causé par lui, j'ai désormais le droit de prendre sa vie comme il a pris la mienne.

Le Arizal ordonna alors à l'âme de ne pas faire de mal à l'enfant ; une âme ne peut pas être responsable d'une incarnation précédente, en mourant il a déjà fait le Tikoun. Sors de ta propre volonté, ou je vais te faire sortir de force le maître ordonna. L'âme dit au Arizal : si tu veux que je sorte de ce garçon, je le ferais, mais à la condition qu'il ne soit avec aucune femme pendant trois jours après que je sois sortie. S'il le fait, je reviendrais et je le tuerais. Le père demanda à son garçon comment il se sentait, et il répondit ; je me sens très bien.

Le Arizal ordonna alors à la famille de garder un oeil sur lui et de s'assurer qu'il n'aille pas ou qu'il ne reçoive pas de visites de femmes, ou l'âme reviendra le tuer. Le premier jour, c'était Roch Hodech[16], Rav ben Nun fut invité à célébrer. La mère et

---

[16] Nouveau mois

la tante de l'enfant entrèrent lui rendre visite. Il était allongé sur le lit et ils vinrent l'embrasser. Il se réveilla et les vit ; aussitôt l'âme revint et l'étrangla.

La veuve possédée

Un jour, nous étions assis dans le Beit Hamidrash [17] du Maître. Des gens amenèrent une femme et demandèrent si elle était malade, ou si une âme négative était entrée en elle. Ils dirent qu'elle était en bonne santé, et que soudainement elle avait changé, son corps tremblait et elle était très agitée. Le Arizal entendit sa respiration et dit qu'une âme l'avait pénétrée et il l'envoya à la maison. Il me demanda d'aller la voir ce soir-là et de dégager d'elle cette âme étrangère. Il m'avertit d'être très prudent avec cette âme, car c'était un méchant et malveillant et que lorsque j'allais lui demander son nom, il mentirait trois fois avant de me donner son vrai nom.

Je m'y rendis au coucher du soleil, et lorsque je fus arrivé à la maison, il dit aux personnes présentes ; regardez le sage Rabbi Haim Vital est venu me faire sortir de ce corps, voyons ce qu'est sa force, je n'ai pas peur de lui, quelle force pourrait-il avoir pour me faire sortir d'ici ?

Lorsque je suis entré j'ai d'abord salué tout le monde, l'âme me fit un grand honneur. Je lui demandai son nom, il me dit que son nom était tel et tel. Je lui dis que c'était un mensonge, que ce n'était pas son nom. Il continua de mentir et ce n'est qu'à la quatrième fois qu'il me dit son vrai nom, exactement tel que le maître m'avait prévenu.

---

[17] Place d'étude

Je lui demandai ce qu'était son péché pour être puni ainsi. Il avoua avoir était avec une femme mariée et eu des enfants avec elle. Cela fait vingt-cinq ans que j'erre et n'ai jamais eu un moment de repos, dit-il. Même au Gehinom, ils m'ont refusé l'accès. Jusqu'à quand ta punition continuera-t-elle, je lui demandai ? Jusqu'à ce que tous les enfants que j'ai eus avec elle meurent, répondit-il. Qu'est-ce que cette femme t'a fait pour que tu puisses entrer dans son corps ? Il répondit ; sache que cette femme n'est pas aussi bonne qu'elle paraît l'être. Elle ne croit pas que Dieu a sorti les enfants d'Israël d'Egypte et qu'il a coupé la mer rouge en deux. Lorsque tous les Juifs se réunissent pour le Seder de Pessah pour raconter tous ces miracles, en secret, elle ne croit pas que de tels miracles se sont produits. Je me mis à proximité de lui et murmura des noms spéciaux dans son oreille. Il se mit soudainement très en colère et commença à parler méchamment. Il ne voulait toujours pas sortir de la femme jusqu'à ce que je le réprimande. Il me fit alors signe qu'il voulait sortir par son petit orteil. C'était un mensonge, je le vis se lever pour éteindre les bougies dans la maison et faire du mal aux personnes se trouvant à l'intérieur. Je lui ordonnai donc de ne pas sortir à ce moment-là.

Je partis prier la prière de Arvit chez mon maître. Après la prière lorsque tout le monde partit, je lui racontai ce qui s'était passé. Tu m'étonnes me répondit-il, tu n'es pas allé durant la journée tel que je te l'ai demandé, tu y es allé la nuit, au moment où toutes les Klipot[18] dominent et ne peuvent être supprimées. Au cours de la conversation, il commença à faire noir et à pleuvoir. Mon maître me dit ; rentre à la maison

---

[18] Forces négatives

maintenant, il m'accompagna pendant un moment, ce qu'il n'avait jamais fait auparavant. Il me dit ; sois prudent avec cette âme, elle est vraiment en colère que tu aies voulu qu'elle sorte de son endroit.

Je tiens à te révéler quelque chose, mais ne t'en vante pas ; tu as une force spéciale et plusieurs écorces et entités négatives ne pourront te faire du mal. Si tu secoues le bord de ta robe, elles s'enfuiront et ne seront pas en mesure de te faire du mal. Par la suite, je rentrai chez moi en passant par le Souk juif, cela faisait déjà plus d'une heure que la nuit était tombée. Soudain, un chien noir aussi grand qu'un âne s'approcha de moi. Je fus terrifié et oubliai toutes les Kavanot. Je voulus retourner sur mes pas, mais il n'y avait pas moyen de sortir. Il faisait nuit et il pleuvait. Quand il s'approcha, il aboya si fort que je fus effrayé et tombai à terre. Ma main le toucha. Je m'étais levé et avais remarqué que ma robe était humide et pleine de boue. Je secouai ses coins et le chien s'enfuit. Je rentrai chez moi et la main qui avait touché le chien avait séché. Le lendemain matin, j'allai à la maison de mon maître. Il me dit ; ne t'ai-je pas dit de secouer ta robe ? Je ne suis rentré chez moi que lorsque tu es arrivé chez toi. Il prit ma main et elle devint normale de nouveau.

Il me donna alors d'autres Kavanot. Je partis chez la femme et parla dans son oreille, mais même là, l'âme ne voulait pas sortir d'elle. Je retournai à mon maître qui me donna encore plus de Kavanot. Cette fois-ci l'âme se mit à trembler, je lui demandai par où elle était entrée dans la maison ; à partir d'une fissure dans le mur elle répondit, elle ne pouvait passer par la porte, car il y avait une Mezouza casher à l'entrée. Il n'était pas possible non plus pour elle d'entrer par les fenêtres, car comme les gens n'entrent pas par celles-ci, on n'y place jamais de Mezouza. Je lui demandai aussi comment elle était entrée dans le corps de cette femme ; elle répondit qu'elle était dans la maison depuis trois jours lorsque la femme eut besoin d'allumer une bougie pour faire son travail. Elle frotta une pierre avec une pièce de métal pour faire des étincelles, elle essaya à plusieurs reprises, mais ne réussit pas. Exaspérée, elle se mit en colère et jeta le métal sur le sol, j'ai tout de suite trouvé l'ouverture[19] et suis entrée dans son corps.

Je demandais une preuve de sa sincérité, il dit à un couple présent ce qu'ils avaient mangé et parlé un certain jour, ils confirmèrent que c'était vrai. Je récitais alors les nouvelles Kavanot que mon maître m'avait données et l'âme quitta la femme.

Parler aux âmes

Le Arizal pouvait faire sortir une âme d'une personne, l'amener à lui, lui parler, puis la retourner à son corps. Il pouvait également faire sortir les âmes des morts, que la personne soit morte récemment ou depuis un certain temps. Elles lui révélaient des secrets très profonds sur la Torah. A ses étudiants, il donnait des différents Yihoudim[20], en fonction de l'origine de l'âme de chacun et de leur possibilité d'attachement à un Tsadik en particulier. Il se couchait sur la tombe d'un Tsadik, étendait ses jambes et ses bras, amenait l'âme du Tsadik et lui parlait.

---

[19] La colère chasse la Kedousha et la protection d'une personne des forces négatives

[20] Unification de noms ou lettres afin de provoquer une action surnaturelle

Une fois, il demanda à Rabbi Hacohen de dire un Yihoud spécial sur la tombe de Rabbi Bar Al'ay et que ce dernier lui révélerait un profond secret d'une section dans le Zohar. Mais cela, à condition de n'engager aucune conversation et de ne même pas retourner une salutation. Rabbi Hacohen alla s'étendre sur la tombe du Tsadik, fit le Yihoud, mais aucune révélation ne lui venue. Quand il revint chez le Arizal, il lui dit qu'il avait fait le Yihoud et ce qu'il lui avait demandé de faire, mais que rien ne s'était passé. Le maître lui dit ; si vous aviez fait ce que je vous avais dit, l'âme vous aurait parlé. Mais, je sais que dans ce lieu en particulier, vous avez parlé à une femme, et non seulement cela, vous aviez commencé la conversation. Rabbi Hacohen se rappela, et reconnut que le maître avait dit vrai.

Ascension de l'âme

Dans une de ces ascensions quand il faisait la sieste durant Shabbat, un de ses élèves remarqua qu'il marmonnait. Il se rapprocha pour essayer de comprendre ce qu'il disait. Le Arizal se réveilla soudainement et surpris, lui demanda ce qu'il faisait ; maître, je suis désolé répondit-il, je voulais juste comprendre ce que vous disiez dans votre sommeil, pourriez-vous s'il vous plaît me le dire ? Le Arizal dit; chaque fois que je dors, mon âme monte à travers des sentiers célestes qui ne sont connus que par moi et des anges me demandent où je voudrais aller. À l'endroit que je choisis, on m'enseigne des secrets supérieurs qui n'ont jamais été révélés à personne avant moi. Cette fois-ci, j'ai appris les secrets de la mule de Bil'am et même si j'avais 80 années pour te relater cet enseignement, ce ne serait pas suffisant.

Un Yihoud spécial

Une fois, il donna à Rabbi Vital un Yihoud spécial et lui dit d'aller sur les tombes de Abayeh et Rabba, et qu'en effectuant ce Yihoud ils lui révéleraient des secrets très profonds du Zohar. Rabbi Vital s'en alla et en chemin, il s'arrêta et s'assit sur un rocher pour réviser le Yihoud afin qu'il soit facile de le prononcer une fois sur les lieux. Quand il revint, il alla voir le maître, le Rav se leva et lui fit un grand honneur. Rabbi Vital était tellement surpris, qu'il ne pouvait se retenir de demander au maître comment était-il possible qu'il puisse mériter tant d'honneur. Le Arizal lui répondit ; ce n'est pas pour toi, c'est pour Benyahu Benyehodah qui est venu avec toi que je me suis levé. Qu'ai-je fait pour l'amener avec moi ? demanda Rabbi Vital ; le Yihoud que tu m'as donné était pour Abayeh et Rabba, c'est eux qui devaient venir avec moi. Lorsque tu t'es assis en route pour réviser le Yihoud, c'était exactement sur la tombe de Benyahu Benyehodah que tu as lu ce Yihoud, il se leva et vint avec toi. Quelques jours plus tard, le maître alla avec les étudiants près du village de Okevai, à mi-chemin, il dit aux élèves ; dans ce lieu se trouve la tombe de Benyahu Benyehodah. Rabbi Vital se rendit compte que c'était exactement là qu'il s'était arrêté pour réviser le Yihoud. Le Arizal continua à révéler à ses élèves où se trouvaient de nombreuses tombes de Tsadikim importants qui n'avaient pas encore été découverts jusqu'à présent.

Occasion ratée

Une fois durant Erev Shabbat, le Arizal sortit à l'extérieur avec ses étudiants pour accueillir le Shabbat comme à l'accoutumée. Tout à coup, il leur dit ; partons maintenant à Jérusalem, là-bas, je sais où sont cachées les cendres de la génisse rousse. Nous les mettrons sur nous pour nous purifier de toutes les impuretés. Nous construirons le Temple et offrirons le sacrifice de Shabbat. Je vois que maintenant est le bon moment pour la Geoula[21]. Certains de ses élèves lui dirent ; comment pouvons-nous aller maintenant à Jérusalem, il est déjà tard et c'est très loin. D'autres dirent ; laissez-nous juste annoncer à nos femmes de ne pas nous attendre, puis nous irons. Le maître hurla profondément et pleura, il dit aux étudiants ; cette fois encore, le Satan a réussi à annuler la Geoula d'Israël. Je vous dis que depuis l'époque de Rabbi Simhon Bar Yohai, il n'y a jamais eu de meilleur temps favorable pour la Geoula comme aujourd'hui, et si vous aviez accepté tout de suite, le Bet Hamikdash aurait été reconstruit et tous les Juifs seraient entrés à Jérusalem. Mais maintenant, le moment est passé et les Juifs ont sombré de nouveau dans l'exil. Lorsque les élèves eurent entendu cela, ils regrettèrent ce qu'ils avaient fait, mais il était trop tard.

Rembourser une dette

Une fois un étudiant de Tsfat voulait voyager dans une autre ville. Avant de partir, il vint voir le Arizal pour lui dire au revoir. Avant qu'il ne commence à parler, le Arizal lui dit ; je sais que tu veux aller dans cette ville et tu voudrais savoir ce qui va advenir de toi là-bas. Sache que dans cette ville, tu te marieras à la fille d'un homme très riche, elle rapportera avec elle une dot importante. Vous serez mariés pendant 6 mois, puis elle mourra. Malgré tout cet argent, tu n'auras droit qu'à 600 pièces d'or seulement, et pas davantage. L'élève demanda pourquoi ce ne serait pas plus de 6 mois et pas plus de 600 pièces. Le maître lui répondit ; sache que dans

---

[21] Délivrance finale

une incarnation précédente, cette femme était un homme tout comme toi, et que vous étiez associés pendant 6 mois. Au cours de ces 6 mois, il n'a pas été honnête envers toi dans ses affaires et ta perte était de 600 pièces d'or. C'est ainsi que pour les 6 mois qu'il t'a fait souffrir, tu jouiras de cette femme pendant 6 mois et récupéreras les 600 pièces d'or que tu avais perdues. Et c'est exactement ce qui arriva.

Le décret

Le Arizal pouvait entendre et être au courant d'une décision décrétée dans le ciel. Un jour, alors qu'il enseignait, il s'arrêta au milieu de la leçon et dit ; j'entends une voix qui annonce un décret. Elle affirme qu'il y aura une invasion de sauterelles à partir de la frontière de Tsfat, ils dévoreront tout, herbe, plantes et tous les fruits des arbres, il n'y aura plus rien à manger dans tout le pays d'Israël. Ceci est dû au fait qu'il y a un très pauvre Rabbin du nom de Rabbi Yaacov, qui est en colère contre Dieu à cause de toutes les souffrances qu'il endure. Dieu est furieux contre tous ses voisins qui ne se soucient pas de lui et ne lui donnent rien à manger pour calmer sa faim. Maintenant, ramassez de l'argent entre vous et allez le porter à ce pauvre homme, peut-être qu'il sera apaisé et le décret sera annulé. Rabbi Itshak l'un des étudiants, courut à la maison de Rabbi Yaacov et le trouva encore en train de se plaindre et de pleurer, il lui demanda ; pourquoi pleures-tu ? Non seulement je suis si pauvre, mais même les récipients d'argile où je gardais l'eau pour toute la semaine se sont brisés et je n'ai pas d'argent pour en acheter d'autres. Rabbi Itshak lui donna l'argent et lui demanda de cesser de se plaindre à Dieu et de prier pour que le décret soit annulé. Il lui demanda de pardonner ses voisins et de demander à Dieu de faire de même.

Rabbi Itskak revint et raconta au Arizal et aux élèves ce qui s'était passé. Alors le maître dit aux élèves ; sachez que grâce à vous, le décret vient d'être annulé. Un peu plus tard, les étudiants virent un essaim de sauterelles couvrant le ciel, ils eurent très peur et le Arizal leur dit ; n'ayez pas peur, le pauvre homme a déjà pardonné. Soudainement, un vent fort souffla sur les sauterelles et elles furent emportées par la mer, aucune ne survécut. À partir de ce jour, tous les habitants de Tsfat s'assurèrent que ce pauvre homme ait tout ce dont il avait besoin et même plus.

Un nuage sombre

Une fois le Arizal expliquait des secrets profonds de la Torah, les étudiants regardèrent dehors et soudainement remarquèrent qu'il faisait sombre, il n'était alors que midi. Après un moment, un nuage très sombre vint proche d'eux. Le Arizal dit au nuage ; il n'y a pas de repos dit Dieu pour les méchants. Où allez-vous ? Mon nom est S'M, je suis le roi des anges négatifs, j'ai une lettre - autorisation de Dieu, de provoquer une épidémie sur les ennemis des enfants d'Israël. Le maître devint furieux contre lui ; va voir Dieu maintenant et demande-lui d'annuler ce décret, pour mon mérite et celui de mes étudiants. Le nuage noir hésitait à partir, le maître se mit en colère et le menaça de Herem (excommunication). Le nuage partit et monta au firmament. Pour le reste de l'année, le calme et la tranquillité régnèrent sur la terre.

L'année suivante, le nuage redescendit une autre fois, et le Rav le réprimanda de nouveau, le nuage répondit ; cette fois vous ne serez pas en mesure de m'arrêter. L'année dernière, Dieu respecta vos mérites et ceux de vos élèves, il décida de protéger la ville et annula le décret. Cette année, un homme a abusé d'une femme mariée. Il est riche et l'un des hommes les plus importants de la ville. Les rabbins savent ce qu'il a fait, mais à cause de sa notoriété ils le flattent, lui font honneur et ont gardé le silence sur ses faits et gestes. Le décret a été confirmé et la lettre m'a été remise signée avec du sang et rien ne peut l'annuler. Le maître eut peur et dit à ses élèves qu'une fois que la signature est signée avec du sang, aucune demande ni prière ne peuvent changer le décret. Étudions à présent les profonds secrets de la Torah pour nous protéger de cette calamité. Il commença ensuite à expliquer des secrets de la Torah qui n'avaient jamais encore été révélés depuis la création du monde.

Rav Alshikh

Le célèbre Rav Moshe Alshikh vint une fois voir le Arizal, il s'assit à ses pieds et lui demanda ; maître, quel est mon péché pour que le maître ne veuille pas m'accepter en tant qu'un de ses élèves ? Le Arizal lui répondit que son âme n'est arrivée dans ce monde que pour écrire des livres sur le Pshat[22], il s'était incarné dans une incarnation précédente comme étant Rav Hutsfit Hameturgam[23] et avait maîtrisé les connaissances de la Kabbalah. Rav Alshikh fut soulagé de voir que ce n'était pas dû au fait qu'il n'avait pas de mérite que le Ari l'avait repoussé. Le Arizal dit; ce sera pour toi un signe. Demain, va à cet endroit où mes étudiants et moi allons toujours accueillir le Shabbat. Si tu nous vois, alors tu

---

[22] Sens simple - littéral
[23] Le traducteur

pourras dire que je te dis ces choses pour te repousser, mais si tu ne nous vois pas, alors tu réaliseras que ton âme n'est pas venue dans ce monde pour apprendre la Kabbalah.

Le jour suivant[24], le Rav Alshikh prépara son Shabbat à l'avance, porta son habit de Shabbat et à midi s'assit sur la route où le Arizal et ses élèves venaient toujours le vendredi pour accueillir le Shabbat. Après un court moment, il s'endormit et lorsque le Arizal et ses élèves vinrent, il ne les vit pas. Après avoir accueilli le Shabbat, le maître et ses élèves retournèrent et le trouvèrent endormi. Il demanda à ses élèves de le réveiller, le Shabbat avait déjà commencé. Quand il se réveilla, il dit qu'il était réveillé toute la journée et que peu de temps avant qu'ils ne viennent, il s'endormit soudainement. Le Arizal lui dit : ne t'ai-je pas dit que ton âme n'est pas venue dans ce monde pour apprendre la Kabbalah ? N'insiste plus pour l'apprendre et continue d'écrire tes livres. Ils seront connus partout et aideront les générations futures. À partir de ce jour, Rav Alshikh ne chercha pas à apprendre la Kabbalah.

La souffrance des animaux

Une fois, le maître enseignait et ses élèves lui faisaient face. Il jeta un regard à l'un d'eux et lui dit ; tu dois quitter, aujourd'hui ils ont décrété là-haut que tu es excommunié. L'étudiant tomba aux pieds du maître et lui demanda ; qu'ai-je fait ? Quel est mon péché pour mériter un tel châtiment ? Je vais faire Téchouva[25]. Le maître répondit ; c'est à cause des coqs que tu as à la maison. Pendant deux jours, ils n'ont pas

---

[24] Vendredi
[25] Repentance – retour à Dieu

été nourris et ils crient au Seigneur pour leur faim. C'est pour cela que tu es excommunié. L'étudiant quitta, se sentant honteux. Il implora toute la journée le Seigneur pour être pardonné de ses péchés et que le Arizal le reprenne pour l'enseigner. Le lendemain matin, il vint chez le maître et tomba à ses pieds. Le Arizal lui dit ; ton péché a été pardonné par le Seigneur, tu ne mourras pas. Mais à condition que tu acceptes, que chaque matin, avant de venir à la synagogue, tu nourrisses toi-même tes coqs et au besoin durant la journée. Ce sont des êtres vivants, qui ne peuvent parler et demander de la nourriture. Il accepta et fit ainsi.

Une fois, durant un des voyages, le Arizal demeura chez un homme pieux. L'hôte avait mis tous ses meilleurs efforts pour l'accueillir avec tous les honneurs que mérite un tel invité, si noble. Avant de quitter, le Arizal lui demanda s'il pouvait faire quelque chose pour le remercier de son hospitalité. L'hôte lui répondit qu'il a la chance d'être riche et davantage, mais que son seul souci était que sa femme soudainement ne pouvait plus avoir d'enfants. Le Arizal comprit la raison et lui dit que sa femme avait enlevé une échelle dans leur poulailler que les petits poussins utilisaient pour sauter de haut en bas pour manger. Ces petits poussins étaient tristes et le bruit de leur plainte avait atteint les hautes sphères. L'homme courut au poulailler et remit l'échelle. Peu de temps après, sa femme put concevoir d'autres enfants.

Les offrandes acceptées

A Tsfat, un rabbin était resté seul dans sa synagogue un soir de Shabbat pour préparer son Dvar Torah pour le lendemain.

Un homme entra, ouvrit le Aron Hakodesh[26] et y déposa une bouteille de vin et deux pains près du Sepher Torah. Il prononça quelques mots avec joie et referma le Aron. Le rabbin étonné par ce qu'il vit s'approcha de l'homme et lui demanda avec stupeur la raison de ses actions. L'homme répondit qu'il était un simple ouvrier qui gagnait quelques pièces quotidiennement, mais arrivait toujours à économiser un peu afin d'apporter une offrande hebdomadaire à Dieu. Chaque vendredi soir, il apportait ses offrandes au Seigneur et les plaçait dans le Aron Hakodesh. Le rabbin le réprimanda en lui disant; penses-tu que Dieu est de chair et de sang, qu'il mangera ton pain et boira ton vin ? L'homme répondit qu'à chaque fois, le jour suivant lorsqu'il vint vérifier le Aron Hakodesh, les pains et le vin n'étaient plus là et certainement que Dieu les avait pris, pensait-il. Tu es un sot dit le rabbin, c'est probablement le Shamash[27] qui les prend et jouit de ta stupidité. Le simple homme quitta la synagogue en se sentant extrêmement embarrassé, honteux et très déçu que Dieu n'appréciât pas ses offrandes sincères. Le Arizal immédiatement convoqua le rabbin et lui dit de dire au revoir à sa famille, car il avait été décidé par le plus haut tribunal que sa mort aurait lieu ce soir même en raison de la façon dont il a réprimandé ce simple homme. Mais, répondit le rabbin, j'ai seulement dit la vérité à cet homme ignorant, Dieu n'est pas un être humain, Il ne mange pas, ni ne boit pas, comment pourrait-il penser qu'Il mangerait ses pains et boirait son vin ? Le Arizal lui répondit ; c'est vrai, mais depuis que le Beit Hamikdach a été détruit, il n'y a plus eu de sacrifices présentés au Seigneur. La sincérité de ce simple homme a

---

[26] Armoire ou sont déposés les Sepher Torah
[27] Celui qui s'occupe de la synagogue

plu au Seigneur, et Il acceptait ses offrandes chaque semaine. En raison de tes actions, tu as mis un terme à ces offrandes acceptées et tu dois payer maintenant de ta propre vie. Le rabbin s'inclina, rentra chez lui et mourra le lendemain.

Voyage à Meron

Les Mekoubalim de Tsfat voyageaient souvent à Meron pour se recueillir sur la tombe de Rabbi Shimhon Bar Yohai et étudier le Zohar. Deux fois par an, dix jours avant Rosh Hashana et dix jours avant Chavouot, ils demeuraient là pendant dix jours et étudiaient le Zohar. Chacun des Mekoubalim, à tour de rôle, faisait un exposé sur une partie du Zohar. Une fois, le Arizal et ses élèves étaient allés à Meron pour visiter la tombe de Rabbi Shimhon Bar Yohai. Il leur dit ; sachez que c'est exactement ici que s'assit Rabbi Shimhon Bar Yohai avec ses élèves pour la Adara Rabah[28]. Une empreinte de sa lumière est toujours là, comme vous le savez, lorsqu'une lumière s'éteint, son empreinte dure toujours. Le maître s'assit alors à la place de Rabbi Shimhon Bar Yohai, fit asseoir Rabbi Vital à la place de Rabbin Elazar[29], Rabbi Yonathan dans celle de Rabbi Abba, Rabbi Guedalia dans celle de Rabbi Yeodah, Rabbi Yosef Mograbi dans celle de Rabbi Yossi, Rabbi Itshak Hacohen dans celle de Rabbi Itshak, il fit asseoir le reste selon l'endroit où étaient assis les autres élèves de Rabbi Shimhon Bar Yohai. Le maître leur enseigna les secrets profonds de la "Adara Rabah" tel qu'en avait fait allusion Rabbi Shimhon Bar Yohai. Tout en leur expliquant, il leur dit ; méfiez-vous, un mur de feu nous entoure et avec nous se trouvent Rabbi Shimhon Bar

---

[28] Grande assemblée. Un des livres du Zohar
[29] Fils de Rabbi Shimon Bar Yohay

Yohai, ses élèves, d'autres âmes appartenant à des Tsadikim et des anges qui sont venus écouter mes paroles de vérité. Avec vos yeux d'homme, vous ne pouvez pas voir ce paysage extraordinaire, ces mots sont pareils à ceux qui ont été dits sur le mont Sinaï, mais la permission n'a été donnée uniquement qu'à moi pour être en mesure de voir et comprendre tout cela. Par la suite, ils allèrent tous se recueillir sur la tombe de Rabbi Shimhon Bar Yohai pour chanter et faire des louanges.

Un des étudiants avait l'habitude de réciter une prière de tristesse concernant Jérusalem, le Arizal lui annonça que Rabbi Shimhon Bar Yohai l'avait averti que bientôt il ferait une prière de tristesse pour son fils, car il récitait une prière de tristesse alors que tous chantaient et louangeaient en ce jour de joie pour Rabbi Shimhon Bar Yohai. Et ce fut ainsi.

Lag-Baomer

Le jour du Lag Baomer - la 33e journée à partir du compte du Omer, date de décès de Rabbi Shimon Bar Yohai, des milliers de juifs venaient de près et de loin pour célébrer la Hiloulah de Rabbi Shimon Bar Yohai, journée de festivités où par tradition on allume des feux et on y danse autour avec grande joie. Ces feux commémorent la lumière immense que Rabbi Shimon Bar Yohai avait amenée à ce monde par les enseignements mystiques du Zohar. Durant une des célébrations de Lag Baomer, le Arizal dansait avec enthousiasme avec ses élèves et une grande foule de Juifs était réunie pour l'occasion. Des Juifs de tous les coins du monde accompagnés de Juifs d'Israël, le tout ne faisant qu'un, unis dans la plus grande joie et leur amour pour Rabbi Shimon Bar Yohai et le Zohar.

Un homme âgé et de grande taille se distinguait de la foule, sa noble stature et son habit blanc le faisaient paraître comme un ange. Il semblait danser dans ce monde et dans celui d'en haut avec tous les Tsadikim. Personne ne semblait le connaître, et bientôt une foule fut attirée par un halo de Kedousha qui émanait de lui, ils l'encerclèrent en tapant des mains, alors qu'il dansait seul. Le Arizal s'arrêta de danser avec ses étudiants et courut danser avec le vieil homme. Se tenant par les mains, ils dansaient et vibraient au rythme de la musique, au son fort des applaudissements de centaines de mains qui les encerclaient. Le vieil homme s'arrêta un instant pour inclure dans la danse le Shamash du Beit Midrash de Tsfat. Les trois continuèrent de danser ardemment, leur corps et âme réunis au plus haut niveau spirituel. Puis l'étranger sortit laissant le Arizal et le Shamash continuer de danser avec le même enthousiasme et joie.

Les étudiants furent surpris et se demandèrent pourquoi le Arizal et le noble étranger dansaient avec le simple S0hamash. Sur le chemin du retour à Tsfat, ils lui demandèrent : Maître, avec tout le respect que nous te devons, nous avons tous été surpris de te voir danser d'une telle joie avec le simple Shamash, s'il te plaît, explique-nous la raison et qui était ce noble étranger ". Le Arizal répondit : l'étranger était Rabbi Shimon Bar Yohai lui-même, il a entraîné le Shamash à danser avec nous. Depuis ce jour, tout le monde donna un grand respect au Shamash qui, plus tard, devint célèbre quand il écrivit le livre 'Haredim'.

La fiancée démon

Une fois, quelques jeunes hommes se promenaient dans les champs et ils virent un doigt qui entrait et sortait de la terre. En plaisantant, ils dirent ; qui de vous mettra un anneau d'or à ce doigt pour se marier ? Un jeune homme sauta et mit un anneau sur ce doigt en disant, avec cet anneau, vous êtes marié à moi. Aussitôt après, le doigt disparut dans la terre et tous les jeunes hommes eurent peur. Quelque temps après, ils oublièrent cet incident et le jeune homme se fiança. Le soir du mariage, le démon vint dans la Houpah, sous l'apparence d'une très belle femme, elle commença à crier et à hurler. Où est donc la justice ? Quel défaut ce jeune homme a trouvé en moi pour m'abandonner et épouser cette femme ? Il m'a marié et cette bague en est la preuve. Je veux que jugement soit fait, au sinon, méfiez-vous, je vais les tuer tous les deux. Les personnes présentes virent l'anneau et le nom du marié gravé dans celui-ci. Le père de la mariée prit sa fille et rentra chez lui, la joie se transforma en peine.

Par la suite, ils vinrent chez le Arizal et lui racontèrent l'histoire. Il demanda immédiatement à son préposé d'aller chercher ce démon et le marié pour les juger. Quand il alla les chercher, il ne put les trouver et revint le dire au maître. Le Arizal lui dit ; retourne à la maison, ils sont là, mais se cachent par peur, dis-leur ; vous savez tous les deux que je viens de la part du Arizal qui vous ordonne de venir le voir maintenant. Quand il eut fini de parler, la femme diabolique vint avec le jeune homme et dit à l'envoyé ; vas-y, je te suivrais à la maison du maître. Quand ils vinrent à lui, le maître demanda au jeune homme, veux-tu cette femme ? Dis-moi la vérité et ne t'inquiète pas, je vais te sauver de cette femme démon. Le jeune homme répondit ; qui, dans un état d'esprit normal voudrait se marier avec une femme démon, mais que puis-je faire si ma chance a tournée ? J'aurai souhaité me casser une jambe ce jour-là plutôt que d'être sorti avec mes amis. Le maître lui dit ; n'aie crainte, je la séparerai de toi.

Le maître dit à la femme démon ; que veux-tu de ce jeune homme, va à ta place et marie un des tiens, parce que ce jeune homme n'est pas fait pour toi. Elle répondit au maître : quel genre de jugement est-ce ? Si je suis mariée, comment puis-je épouser un autre homme ? Le maître répondit ; ce mariage était une erreur, il n'a pas vu ton visage et pour plaisanter, il t'a mis la bague au doigt. S'il savait que c'était le doigt d'une femme démon, il ne t'aurait pas mis la bague au doigt. Même si ce n'est pas de droit pour toi d'obtenir un 'Get'[30], je donnerai l'ordre à ce jeune homme de t'en donner un, et si tu le refuses, je t'excommunierai toi et ta famille, et vous périrez tous. Quand elle entendit cela, elle accepta le Get et promit au maître qu'elle ne viendrait pas à la maison du jeune homme et ne ferait de tort ni à lui, sa famille, sa fiancée ou sa famille. Le jeune homme retourna ensuite vers sa fiancée et l'épousa.

Impureté au seuil de la porte

Une fois, le maître dit à ses élèves ; je vois qu'en ce moment, il y a deux femmes démons habillées élégamment et portant des bijoux précieux qui viennent dans la chambre de deux jeunes hommes. Elles vont dans cette chambre pour les rendre impurs. Je pourrais les sauver, mais puisqu'ils ont contaminé leur âme en faisant de la sorcellerie, je ne le ferais

---

[30] Document de divorce

pas. Comme il est écrit ; celui qui vient s'impurifier est aidé. Par la suite, les élèves virent que tel que le maître avait annoncé, il fut.

Révélation

Une fois le Arizal étudiait le Zohar avec ses élèves. Ils se retrouvèrent devant un sujet très profond, le maître leur dit ; voici un secret très profond, je ne peux le révéler, car c'est dangereux. Sur cela, Rabbi Shimon Bar Yohai dit dans la section de Zohar Beshala'h ; sur ce sujet, ne demande pas, ne mets pas ton Seigneur à l'épreuve de peur du danger. Mais Rabbi Vital plaida vigoureusement au maître pour qu'il explique ce secret. Il lui répondit ; sache que ce que tu me demandes, je suis obligé de révéler, mais la détresse en sera le résultat. Rabbi Vital plaida encore plus, et le Arizal lui révéla le secret. Quand il eut fini de le révéler, il mit ses mains sur sa tête et dit : il est le vrai juge[31]. En entendant cela, les élèves eurent peur et demandèrent au Arizal pourquoi il avait dit cela, il dit ; parce que j'ai révélé ce secret, il a maintenant été décrété en haut que mon fils Moshe décédera dans les sept jours qui suivent.

Durant la soirée, le Arizal alla avec Rabbi Vital à son domicile, il s'enquerra à son épouse sur son fils Moshe et elle répondit que depuis son retour de l'école, il avait un mal de tête et était couché sur son lit. Le maître se rendit immédiatement à son chevet et quand il le toucha, il était très fiévreux. À l'intérieur de sept jours, le jeune garçon décéda. Après les sept jours de deuil, le Arizal envoya un message aux élèves qui disait : ne vous inquiétez pas, je n'arrêterai pas de vous révéler les

---

[31] Dit en entendant la mort d'une personne

secrets profonds en raison de la disparition de mon fils, même si je devais mourir avec toute ma famille. Je n'arrêterai pas de vous enseigner les secrets les plus élevés pour faire le Tikoun de vos âmes et que vous puissiez éclairer le monde avec votre sagesse. Les camarades se réjouirent en entendant cela, car ils craignaient que le Arizal ne les blâme pour ce qui était arrivé à son fils. Ils tombèrent à ses pieds et proclamèrent ; vive le roi avec ses fils, au milieu d'Israël.

Ouverture des eaux de Gi'hon

Il est connu que le roi 'Hizkiyahu à cause de San'heriv, arrêta les eaux de Gi'hon, comme il est écrit dans Divrei haYamim 2- 32 : 2 : 'Hizkiyahu craint quand San'heriv vint... il consulta avec ses officiers et ses hommes puissants en ce qui concerne l'arrêt des eaux des sources, et aussi en 32:30 : Et il, 'Hizkiyahu, bloqua la source des eaux du haut Gi'hon. À ce jour, Yom Shishi[32] à midi quand ils ferment les portes des portes de Jérusalem parce que tous les Yishma'elim[33] vont au Temple (en raison de nos nombreuses violations), la ville reste presque vide. Pour cette raison, ils ferment les portes et quiconque se rend là-bas à côté d'une porte qui est près de la tour peut entendre le bruit d'une grande quantité d'eau coulant au sous-sol.

Au moment où notre maître Rabbi Haim Vital était dans la ville sainte de Jérusalem, un officier puissant appelé Abu Seifein est venu. Il savait que le roi d'Israël avait arrêté les eaux de Gi'hon et il demanda s'il y avait quelqu'un aujourd'hui

---

[32] Vendredi
[33] Musulmans

qui serait capable de l'ouvrir. Les Goyim[34] lui dirent : il y a un homme sage qui est divin et son nom est Rabbi Haim Vital, il sera certainement capable de l'ouvrir. Alors il l'envoya chercher Yom Shishi et lui dit : je décrète sur vous que, pendant qu'il court encore au Temple, vous devez ouvrir ce fleuve que votre roi a bloqué, ce qui est grandement nécessaire à la ville. La responsabilité de l'ouvrir est jetée sur vous, et si vous ne le faites pas, votre sang est sur votre propre tête.

Notre maître Rabbi Haïm fit une Kefitsat haDerekh[35] et alla à Damas. Notre maître le Arizal lui parla dans un rêve : Vous avez agi de façon stupide, parce que cet officier était le Gilgoul[36] de Sanheriv, il est appelé 'Abou Seifein', qui en arabe signifie « Le Père des épées ». Vous avez en vous l'étincelle du Roi Hizkiyah et c'était l'heure appropriée pour rectifier et ouvrir le Gi'hon, car ce n'était pas conforme à la volonté des 'Hakhamim[37] que le roi' Hizkiyahu l'a fait. C'est une des choses dont ils ne l'ont pas loué, comme il est dit dans Masekhet Brakhot page 10 b : Et avec ceci était le commencement de la Geoulah[38]. Rabbi Haim Vital répondit ; je ne voulais pas utiliser des Shemot Hakodesh[39]. Mais le Ari lui dit : si tu ne les avais pas utilisés pour venir à Damas, j'aurais été silencieux, mais puisque tu les as utilisés pour cela, tu pourrais les utiliser pour l'ouvrir et il y aurait eu un

---

[34] Non juifs
[35] Voyager une grande distance en un temps très court en utilisant des noms divins
[36] Reincarnation
[37] Sages
[38] Libération
[39] Noms saints

Kidush[40] H' et un grand Tikoun[41]. Rabbi Haim Vital dit; si c'est le cas, je retournerai à Jérusalem pour l'ouvrir. Il lui répondit ; l'heure a changé et ce n'est plus le temps.

Les frères Galanti

Un jour, le Arizal dit aux compagnons ; demain je vous donnerai la permission d'aller et de voyager avec de la nourriture et boisson à la condition que vous invitiez le rabbi auteur de Kol Bokhim, ils lui répondirent ; nous le ferons. Il leur dit : Allez à lui maintenant et invitez-le avant qu'il ne prenne sur lui un Ta'anit[42] duquel, s'il le prend sur lui-même, il ne sera jamais relâché.

Le Rabbi Haim Vital et deux compagnons allèrent chez lui. Quand il les vit, il dit ; bienvenu, pourquoi avez-vous laissé votre maître pour venir à moi ? Ils lui dirent : nous sommes venus devant vous, Monsieur, pour vous inviter à une fête demain. Il demanda ; et pourquoi êtes-vous venu aujourd'hui et pas demain ? Nous craignions que vous ne preniez sur vous un Ta'anit et ne le relâchiez pas. Il répondit ; si toute la prophétie de votre maître est ainsi, il n'est rien. Ils répondirent ; il est notre maître et notre rabbin, qu'avons nous à faire de ces choses ? Que monsieur vienne avec nous demain, il répondit ; je viendrai donc.

Le lendemain après la Tefilah, ils vinrent le chercher et il partit avec eux. Ils rentrèrent et s'assirent avec Rabbi Yehuda et Rabbi 'Ilai qui débattaient des questions de Torah. Le Ari vint seul, tous se levèrent, mais Rabbi Avraham Galanti lui montra

---

[40] Sanctification de Dieu
[41] Rectification
[42] Jeune

peu de respect et l'assis sur sa gauche. Le Ari s'assit un peu, puis se leva et donna un enseignement. Quand il finit, il dit Kaddish, et se tourna vers Rabbi Avraham Galanti et lui demanda : la leçon vous a plu ? Il répondit ; c'était bien, mais j'ai eu quelques difficultés. Vous avez dit une telle chose, ce qui est contraire au Rashbi sur une telle page, et ce que vous avez dit sur une telle page est contraire à l'ordre des Tikounim sur une telle page. Et ainsi de suite avec toutes les difficultés. Alors le Ari se tourna vers les compagnons, pour voir s'ils voyaient les choses de la même manière. Ils étaient étonnés qu'il ait eu des difficultés avec sa leçon. Le Ari leur dit : un compagnon comme celui-ci est un bon compagnon qui comprend et a des difficultés, contrairement à vous, qui louent tout ce que je dis. Puis il se tourna vers Rabbi Galanti et lui dit : Monsieur se souvient de cette certaine introduction, il dit oui, si c'est le cas, repassez sur cette introduction en entier et je répondrai à vos questions, et il le fit. Il lisait l'introduction et il commençait à compter avec ses doigts les difficultés qui disparaissaient. Quand le Ari vit cela, il lui dit : finissez d'apprendre rapidement et je répondrai, les compagnons veulent manger. Bientôt, le Ari l'engagea de nouveau, en disant : C'est assez, finissez maintenant. Alors il lui dit : il ne me reste plus de difficultés. Maintenant, s'il vous plaît, asseyez-vous à ma place, et je vais à votre gauche, parce que jusqu'à présent je pensais que vous n'étiez même pas au niveau de mes étudiants, mais maintenant je sais que l'esprit de H' a parlé à travers vous. Votre 'Hokhma est incroyable.

Le Arizal l'implora beaucoup pour ne pas s'asseoir à son siège, et ce n'est qu'avec grande peine qu'il s'y assit. Ils mangèrent et burent avec une grande joie. Le soir, ils se levèrent pour retourner à la ville. Arrivant à l'entrée de la ville, le Ari souhaita au rabbin bonne nuit, il lui répondit ; bonne nuit, mais je ne vais pas vous libérer jusqu'à ce que vous me dites quel est mon Tikoun.

Le Arizal lui dit en grande modestie ; Dieu protège ! Qui suis je pour donner un Tikoun à monsieur ? Il refusa avec ces mots et rentra chez lui. Le lendemain après la Tefilah, il vint à la maison du Ari qui lui dit : pourquoi monsieur vient-il à moi ? N'ai-je pas dit à Monsieur que je ne suis ni prophète ni fils de prophète ? Le rabbin répondit ; j'ai déjà dit que j'avais tort. Maintenant, je ne vais pas partir d'ici jusqu'à ce que Rabbi me dit tout ce que j'ai besoin pour rectifier mon âme. Alors il lui dit : que dirai-je à monsieur ? Que son Tikoun est difficile et qu'il ne le fera pas ? Il répondit ; même plus que les quatre morts ordonnées par les tribunaux, je prendrai maintenant sur moi. Il lui dit avec une grande difficulté : que puis-je dire ? J'ai vu, son Tikoun est de manger un gros poulet tous les jours, d'étudier la Torah et de faire les jeûnes qu'il fait déjà. Pour un homme sans péché comme monsieur, c'est ce que je comprends. Il l'embrassa ensuite sur la tête et rentra chez lui heureux. Il convoqua immédiatement une grande fête et invita le Arizal avec les compagnons. Il invita également son frère, le grand Rav Moshe Galanti. Ce dernier demanda ; qu'est-ce qui rend aujourd'hui spécial ? Il répondit ; j'ai invité le rabbin Itshak Louria et ses compagnons, en lui est une merveilleuse 'Hokhma et le Roua'h[43] de Dieu a parlé par lui, il lui dit alors ce qui s'était passé. Il est digne et convenable d'aller à cette fête et de le recevoir. Quand le Arizal vint, tout le monde se

---

[43] Esprit

leva, même le rabbin. Le rabbin exhorta vivement le Arizal à s'asseoir à la tête de la table, il ne voulait pas, mais le fit finalement avec beaucoup de difficulté. Ils mangèrent et burent avec une grande joie et de nombreux nouveaux Hidoushim[44] furent avancés à cette table.

Rav Galanti demande au Arizal quel est son Tikoun

Dans la matinée après la Tefilah, Rav Galanti alla à la maison du Arizal. Le Ari trembla quand il le vit venir et lui dit : est-ce la volonté du Rav de me mettre à mort ? Pourquoi est-il venu me voir ? Qu'est-ce que je suis et quelle est ma vie ? Il répondit ; vous multipliez votre humilité envers moi, jusqu'à présent je ne vous ai attribué aucune importance, mais maintenant je sais, mon frère et moi aussi avons vu votre grandeur et 'Hokhma supérieure. Je vous demande de me dire le Tikoun pour mon âme comme vous l'avez fait à mon frère.

Le Arizal lui répondit ; Dieu pardonne ! Qui suis-je pour vous donner un Tikoun ? Il répondit ; je ne veux pas que vous me disiez la racine de mon âme et le nombre de mes réincarnations, mais ce que je suis obligé de rectifier à partir du jour de ma première venue dans ce monde jusqu'à aujourd'hui, afin que je n'aie plus besoin de me réincarner et rendre compte de mes actes. Tout ce que vous me dites, je le ferai, même les quatre morts des tribunaux, puisque la venue de l'homme dans ce monde n'est pas pour les enfants ou la richesse, mais plutôt pour accomplir les 613 Mitsvot.

---

[44] Inovations

Le Arizal dit encore ; je ne suis pas un prophète. Il répondit ; ne me fâchez pas et pensez que je ne sais pas. Je vous conjure par Hashem haForforash[45] qui sortait de la bouche du Cohen Hagadol à Yom Kipour, de me dire la vérité. Alors le Arizal le regarda et dit : Monsieur a sur lui un soupçon de vol. Il n'eut pas le temps de terminer que Rav Moshé se leva et se retira, sans même dire au revoir. Il rentra dans sa maison et aussitôt, il ôta ses vêtements, se revêtit de sacs et de cendres, se jeta à terre et se mit à pleurer, frappant de toutes ses forces sa tête et son visage. Il dit ; malheur à moi, tous ceux de sa maison étaient troublés par ce qu'ils voyaient. N'ayant plus aucune force pour pleurer, il appela son serviteur et lui dit d'appeler tous ceux qui travaillaient pour lui, hommes et femmes, tous vinrent devant lui, s'étonnant de cette vue.

Il leur dit : avez-vous vu la détresse dans laquelle je suis ? Ils lui répondirent : nous l'avons vu et ne savons pas pourquoi. Il dit ; dites-moi ce que je vous dois depuis que vous avez commencé à travailler pour moi. Ils lui répondirent tous d'une seule voix ; notre maître, nous ne savons pas, parce que celui qui prend un centime de la main de monsieur est béni et nous ne tenons pas un registre exact de ce que vous nous donnez chaque semaine, qui est assez pour la nourriture, l'abri et même pour épargner. Puis le Rav dit ; nous saurons maintenant, c'est pour vous que je suis assis dans cette détresse, parce que le Ari m'a dit que j'ai un soupçon de vol, et c'est pourquoi je pleure. Comment un juge comme moi a-t-il un vol dans la main ? Que dirai-je au reste des hommes ? Mais c'est le Tikoun que je peux faire pour être délivré du

---

[45] Le Nom innéfable

jugement du ciel, où il y a un juge et un compte immédiat. Il ordonna qu'on lui apporte des pièces de monnaie, il leur montra une somme de pièces et leur dit : prenez pour vous, chacun de vous, ce que vous voudrez.

Tous répondirent ; notre maître, le vol nous est-il maintenant permis, quand nous ne savons rien ? Et si vous ne nous le devait pas ? Il leur dit : la vérité est avec vous, mais c'est ce que je ferai pour échapper au châtiment. Prenez pour vous ce que vous voulez, et je vous dirai que si je ne vous dois pas ce que vous avez pris, c'est comme un don, et si je vous le dois, vous l'avez reçu. Et vous direz aussi ; si ce que nous avons pris est ce que vous nous devait en équité, ni plus ni moins, nous avons reçu notre salaire. Et si peut-être il nous doit encore, soit un à mille, c'est absous pour toujours. Nous n'avons plus rien contre lui, pas même une petite pièce de monnaie. Ils répondirent ; nous dirons ces choses avec cœur et âme, même si nous ne prenons rien. Il leur supplia de prendre, mais ils ne voulaient pas, sauf une femme, qui prit quelque chose de petit et dit les paroles.

Le rabbin leur dit, soyez prudent dès aujourd'hui, si vous voulez travailler pour moi, vous devez me rendre compte exactement, même à moins d'un cent. Si vous ne le faites pas, je vous retire complètement de mon service. Ils le prirent sur eux et il les laissa sortir. Puis le rabbin mit des vêtements sur son sac et alla chez le Ari. Il le rencontra sur la route et lui dit : quel est tout ce tremblement que le maître a fait à cause de ce que j'ai dit ? Il demanda ; s'il vous plaît, regardez si le soupçon est passé.

Il lui dit : Il est passé et il n'y a plus de péché ni violation. Il demanda, comment ? Il répondit ; avec la pièce de monnaie que la femme a prise, elle avait mérité une rémunération supplémentaire, mais le maître en raison de ses nombreuses occupations ne fait pas attention et ne tient pas compte avec soin. Par conséquent, il y avait ce soupçon contre lui, et maintenant il a été réglé. Puis le Rav Moshé lui baisa la tête, le bénit et alla chez lui. Il fit aussi une grande fête et invita le Ari, les compagnons et ses frères. À partir de ce moment, le Rav Moshé rendrait hommage au Arizal.

Quand notre maître Yosef Karo[46] perdu ses clés

Le Arizal dit à notre maître Rabbi Yosef Karo ; vous n'avez pas besoin d'être tellement confus dans la prière à cause de la perte des clés de la cuisine pour la Se'udah Shelishit[47], parce qu'elles sont placées sous l'oreiller dans tel endroit. Il alla à l'endroit que l'homme de Dieu lui avait dit, il les trouva rapidement et l'embrassa. Il dit à sa femme : il y a encore un prophète dans notre temps et rien ne lui est caché, il est le saint Rabbi Itshak Louria. Il est plus qu'un ange, que H' le garde et lui accorde une longue vie.

Le Arizal lit les pensées de Rabbi Yosef Karo

Le Ari sut et comprit les pensées de notre maître Rabbi Yosef Karo pendant une Tefila particulière. Il priait avec le Arizal dans la synagogue tous les jours. Le Ari priait la Amidah avec Kavanot ce qui le retarder considérablement, Rav Karo lui priait de manière littérale. Une fois, le Ari priait de sa manière habituelle et finit, et Rav Karo n'avait pas fini. Les rabbins qui

---

[46] Auteur du Shoulhan Haroukh
[47] Troisième repas samedi après-midi

étaient avec lui dans la synagogue se demandaient que pouvait être cette situation.

Ensuite, le Ari appela le Gabbay de la Beit Knesset et lui dit : Aller à notre maître Rav Karo et dites dans son oreille qu'il s'agit d'une longue Mishna dans Masekhet Kilayim [48] chapitre 9, Mishna 4 au sujet de la selle de l'âne, où il n'y a pas de Kilayim. Notre maître entendit et dit ; il est vrai que je n'ai pas renouvelé quelque chose dans ma Tefilah, mais quand je priai, j'ai commencé à penser à la selle de l'âne, s'il y a la Kilayim. J'avais oublié que c'est une longue Mishna et pour cette raison je pensais et n'ai pas prié...

Nous avons entendu un récit semblable des anciens de la ville, une fois que notre maître Rav Karo est venu prier dans la Beit Knesset du Arizal, il prit beaucoup de temps dans la Amidah, et toute la congrégation l'attendait. Au bout d'un certain temps, notre maître n'avait toujours pas fini de prier. Le Arizal lui envoya quelqu'un lui dire ces mots : La sueur d'un âne ne fait pas de 'Hamets. Immédiatement quand notre maître entendit cela, il termina sa prière, recula et la congrégation put continuer avec la Hazara.

Après la Tefilah, ses étudiants lui demandèrent d'expliquer ces choses. Notre maître répondit qu'il avait déjà terminé la Amidah, mais quand il leva les yeux pour reculer, à travers la fenêtre il remarqua une caravane d'ânes chargés de sacs de blé marchant sur la route. Les ânes transpiraient abondamment en raison de la chaleur du jour et du fardeau de la charge. Notre maître savait que ce blé était destiné à la cuisson des Matsot, alors il commença à se demander s'il y

---

[48] Mélanges interdits, de lin et laine, animaux, graines etc.

avait un risque de 'Hametz avec la sueur des ânes. Notre rabbin le Arizal vit tout cela par son Roua'h Kodesh[49].

Tendons dans la viande

Le Arizal prenait soin de ne pas manger la viande de la croupe à cause des tendons. Une fois, notre maître Rabbi Yosef Karo l'invita à un repas chez lui. Le Arizal lui dit qu'il ne pouvait manger de viande chez lui s'il y avait un mélange de croupe. Rabbi Yosef lui dit qu'il ne devait pas s'inquiéter, car il avait lui-même fait le travail de nettoyage. Le Arizal fut satisfait et alla chez lui. Au milieu du repas, il repoussa le bol de viande et ne voulut pas manger. Rabbi Yosef l'interrogea ; après que ma propre main ait nettoyé la viande, ne pouvez-vous pas être sûr que rien des tendons est resté ? Le Arizal prit un morceau de la viande du bol et montra au maître qu'il y avait quelques tendons, Rabbi Karo fut attristé par ceci. Cette nuit-là son Maguid lui dit : ne vous inquiétez pas, car la viande a été nettoyée correctement par vous, mais ce grand homme peut découvrir les tendons, même sur les murs d'une maison.

Ne pas annuler la Hiloulah du Rashbi à Meron

Un jour, les élèves du Arizal étaient assis autour de leur rabbin et apprenaient, il leur dit : Sachez que les rabbins sont rassemblés et veulent annuler la Hiloulah du Rashbi, disant que les femmes portant des ornements ne devraient pas aller à Meron, et si elles vont avec des vêtements de semaine, nul ne devrait y aller, sauf les vieilles dames. S'ils annulent la Hiloulah, Dieu ne plaise, une grande peste viendra et exterminera tous ensemble, les mauvais et les bons. Rabbi

---

[49] Inspiration divine

Haim Vital répondit ; et pourquoi le maître ne fait-il pas connaître la situation pour sauver Israël, il répondit ; ils ne croient pas en moi. Rabbi Haim dit ; j'irai leur dire, il répondit ; vas-y. Il alla leur dire, certains ne croyaient pas et d'autres disaient ; laisser le rabbin venir ici et nous laisser voir ce qu'il dit. Ils envoyèrent le chercher et il vint. Ils lui dirent qu'ils voulaient faire cela, car en ces jours il y avait joie et bonheur avec la nourriture et la boisson, et cela pourrait conduire à des situations désobligeantes qui ne sont pas appropriées dans ce lieu saint. Il leur répondit ; la vérité est avec vous, mais que pouvons-nous faire ? Le Rashbi est satisfait de cela, depuis de nombreuses années, cela est fait. Dieu nous en garde, il pourrait être en colère contre nous et une peste viendra sur le peuple. Je vous le dis, croyez-moi que pendant ces jours il n'y a pas de responsabilité générale, le pécheur seul mourra. Quand ils entendirent ses paroles, ils furent satisfaits et annulèrent cette résolution.

Révélation de Yirmeyah le prophète

Un récit du rabbin El'azar le Lévite quand Yirmeyah le prophète lui fut révélé. Rabbi El'azar avait l'habitude de lire le livre de Tehillim chaque Erev Shabbat Kodesh sur le tombeau de Yirmeyah le prophète. Un jour, il vit un homme vêtu de vêtements blancs avec un vase d'eau en argent raffiné dans une main et un mouchoir de l'autre. Il donna le vase d'eau à Rabbi El'azar, mais il devient terrifié et tomba sur son visage. Au bout d'une heure, il se leva en tremblant et retourna chez lui. Le Arizal lui dit que cet homme qui se révéla à lui était Yirmeyah le prophète, par la parole des Tehillim d'une voix agréable il était un moment approprié pour la Geoulah[50]. Il lui

---

[50] Libération - délivrance

donna le vase d'eau afin qu'il verse de l'eau sur Yirmeyah le prophète pour qu'il se lave les mains, car il était un Lévite et Yirmeyah un Cohen. S'il l'avait fait, il lui aurait révélé le temps de la Geoulah. Mais comme il était effrayé par lui et n'avait pas pris le vase pour verser l'eau dans les mains de Yirmeyah le prêtre, la Geoulah a été retardée.

Je prendrais même mille morts sur moi

Un conte d'un homme riche qui s'approcha d'une servante. Il vint devant le Ari et dit : dites-moi ce que j'ai fait dans mon temps. Si vous me dites tout, je me repentirai complètement à travers vous, sinon je dirai, Dieu pardonne, il n'y a pas de justice. Le Ari ordonna à tout le monde de partir, pour ne pas le gêner. Alors il lui dit : Vous êtes tel fils d'un tel et tel, d'une telle famille et cela est votre âge. Ceci est ce que vous avez fait avec une femme, fille de telle ce jour-là, vous avez aussi fait avec un fils mâle à telle date ainsi qu'avec votre servante tel ou tel jour, dans tel ou tel endroit. Il lui dit même les petites paroles que lui et sa femme avaient prononcées. Il accepta tout et se confessa à lui, sauf à propos de sa servante, dont il disait que ces choses ne s'étaient jamais produites. Le maître lui dit : et si je vous montre votre servante qui est liée à vous maintenant, vous mentirez encore ? Il répondit ; alors bien sûr je vous confesserai tout.

Aussitôt le rabbin mit sa main sur le dos de l'homme, et fit sortir sa servante de lui, à sa ressemblance. Il arriva que, quand il la vit, son âme presque sortît. Il tomba à ses pieds et lui supplia de l'enlever. Le rabbin dit ; il est impossible de la retirer sauf par le repentir complet et beaucoup de Tikounim. Il répondit ; que monsieur me fasse tout ce qu'il doit faire, même les quatre morts de Beit Din. Je ne recherche pas femme, enfants ou argent, mais seulement le Tikoun de ma Neshama. Le Arizal ajouta ; il est difficile et vous ne le ferez pas. Il insista ; mon maître, n'ai-je pas dit que je mourrai mille morts sur-le-champ ? Quoi de plus difficile que la mort ? Le rabbin dit ; le Tikoun est par la combustion. Immédiatement l'homme sortit des pièces de monnaie afin qu'il puisse acheter du bois pour le brûler. Le Arizal expliqua ; notre chemin n'est pas comme le chemin des nations du monde, qui brûlent réellement, mais plutôt brûler est de jeter du plomb chaud dans la gorge, c'est ça la combustion. Il répondit ; faites comme vous savez comment. Immédiatement, il demanda que le plomb soit apporté. Quand ils l'apportèrent, ils le mirent en flammes devant lui. Le Arizal lui demanda ; dites le Vidouy comme ceux qui sont mis à mort. Il dit un Vidouy avec de grands pleurs et quand il finit, le rabbin lui dit ; jetez-vous à terre sur le dos, et il le fit. Il lui dit : découvrez votre pied - il le découvrit ; découvrez votre main - il la découvrit ; ouvrez votre bouche - il l'ouvra ; fermez les yeux - il les ferma immédiatement. Le rabbin avait de l'eau douce, il les jeta dans sa gorge, et sa Neshama presque sortit. Le rabbin lui dit : H' a rejeté votre péché, vous ne mourrez pas et immédiatement il l'aida à se lever. Il lui donna des Tikounim à faire et lui dit également de lire quatre pages de Zohar chaque jour, même sans comprendre, et il le fit. Il envoya chercher sa femme et ses enfants et accomplit le repentir. Le rabbin lui révéla qu'il était une étincelle de Menashe Roi de Yehudah. Il décéda à Tsfat en complète repentance. Vous êtes de la racine de leur âme, vous devez les rectifier

Un jour notre maître Rabbi Ya'akov Abulafia est venu rendre visite à notre maître le Ari. Le rabbin l'accueillit et dit : Votre souhaitez aller en Egypte, oui mon maître, dit-il, et votre honneur veut que je lui écrive une lettre de recommandation. Oui, en raison de mon besoin de subsistance, ma coutume est d'aller chaque fois en Egypte comme mon propre émissaire pour obtenir des dons. C'est pour cela que je viens au maître pour qu'il m'écrive une lettre. Le Arizal répondit ; je sais tout, allez en paix, car vous devez y aller. Il demanda ; quelle obligation y a-t-il ? Il répondit allez-y et quand vous reviendrez en paix, vous saurez l'obligation. Il supplia le Ari de le lui dire, mais il ne voulut pas. Il écrivit la lettre, la lui donna et dit : allez rapidement, et il le fit.

En Egypte, en l'honneur de la lettre que le Ari avait écrite, ils lui donnèrent un don considérable. Il demanda de reprendre la route à dos de chameau, mais ses amis lui dirent : pourquoi devriez-vous monter sur un chameau ce qui est difficile pour vous ? Achetez une charrette et allez en confort avec les cavaliers, et c'est ce qu'il fit.

Il sortit avec la caravane et, quoi que fassent les cavaliers qui précédaient la caravane, il le faisait aussi. Après quelque temps, les cavaliers se reposèrent comme c'était leur coutume et le rabbin avec eux. Quand il descendit de l'animal, il l'attacha et dormit. Les hommes de la caravane vinrent avec les chameaux le réveiller pour aller avec eux. Il se réveilla, mais se rendormit de nouveau et une grande somnolence tomba sur lui. Quand il se leva dans l'après-midi, il fut pris d'une grande panique de voir qu'il restait seul sur la route et qu'il ne connaissait pas la voie. Il commença à courir le long du sentier avec une grande peine. Vers la soirée, il vit un homme labourant avec deux bœufs. Il dit ; j'irai vers lui, la nuit je l'accompagnerai au village et j'engagerai quelqu'un de là pour me conduire à la caravane.

Il s'approcha de lui et le salua, mais il ne lui répondit pas. Il resta donc assis près d'un quart d'heure, jusqu'à ce que l'homme qui labourer fût changé en boeuf, et que le boeuf devint un humain. L'homme le lia dans le joug et commença à frapper les bœufs sévèrement. Il fut effrayé par cette vue. De cette manière cela continua, le boeuf se changeant en un homme et l'homme en bœuf jusqu'au coucher du soleil, et alors les trois d'entre eux devinrent des hommes.

Ils lui dirent : soyez bienvenu, le maître est de Tsfat ? Il répondit ; oui. Ils demandèrent ; Rabbi Louria est à Tsfat ? Il répondit, oui. Ils tombèrent aussitôt à ses pieds, et pleurèrent amèrement, il pleura aussi avec eux. Ils lui dirent : le maître voit-il dans quelle souffrance nous vivons ? Pour l'amour de Dieu, ayez pitié de nous, car nous sommes des Bnei Israël. S'il vous plaît, aller en vertu du Kavod de la Torah plaidez devant le maître pour nous, qu'il nous rectifie. Nous ne pouvons plus supporter cette douleur dans laquelle nous sommes. Le rabbin pleura avec eux et se chargea de le faire. Ils le firent jurer et l'emmenèrent tout de suite à la caravane.

Il arriva à Tsfat et avant d'entrer dans sa maison, il vint devant le maître. Le Arizal lui dit : vous venez me parler des bœufs. Je sais tout, c'est l'obligation dont je vous ai parlé. Alors, allez chez vous et demain venez chez moi le matin. Il vint le matin et demanda ; par la vie du maître, dites-moi ce qu'était cette vue. Il répondit ; le bœuf est tel fils de tel, de tel et tel endroit, et ainsi de suite pour les autres. Ils étaient des gens importants, mais ils arrondirent la Peah[51] de leurs têtes, pour cette raison ils furent punis de ce châtiment.

Il demanda ; mon maître, qu'est-ce qu'une Peah a à voir avec des bœufs ? N'avez-vous pas lu ; vous n'arrondirez pas la Peah de vos têtes ? Les Rashei Tevot[52] sont Pe-Resh[53] (taureau), c'est-à-dire, quiconque arrondit la Peah de sa tête se réincarne comme un taureau. Quelles sont donc les similitudes entre moi et eux, que je devais y aller ? Il répondit ; vous êtes de la racine de leur âme, donc vous avez besoin de les rectifier. Immédiatement, le maître lui écrivit des types de Ta'aniot[54] et de Kavanot qu'il avait à faire pour eux, et c'est ce qu'il fit. Le jour où il termina tout le Tikoun, les trois d'entre eux vinrent à lui dans un rêve et lui dirent : votre âme reposera dans le monde à venir comme vous nous avez donné le repos du jour où vous avez commencé à faire les Tikounim que le Arizal vous a donnés. Dans le premier Tikoun que vous avez fait, vous nous avez sortis de ce travail dur que vous avez vu, et mis dans Gehinom[55]. De même, dans tous les Tikounim que vous avez fait, vous nous sortiez d'un lourd joug à un plus léger, jusqu'à ce qu'ils nous aient fait entrer dans Gan 'Eden.

Réincarnation d'un boucher

Le récit d'un boucher qui se réincarna en chèvre. Un jour, dans la soirée où ils étudiaient, une grosse chèvre entra, ouvrit la porte, s'approcha du maître, mit la bouche à ses

---

[51] Cheveux aux coins supérieurs du visage
[52] Initiales
[53] PaR – taureau en Hébreu
[54] Jeunes
[55] Purgatoire

oreilles et lui parla. Le maître lui répondit ; allez en paix, je ferai ce que vous dites. La chèvre s'en alla et tous les compagnons qui virent cela furent étonnés. Le Arizal dit à Rabbi Haim Vital ; va acheter cette chèvre pour autant qu'ils te demandent et amène-la-moi. Il demanda ; mon maître, comment la reconnaîtrai-je ? Il lui dit, va et elle reconnaîtra qui tu es. Alors il se leva et sortit de la ville vers le troupeau. Immédiatement, la chèvre courut vers lui et mit sa corne à sa ceinture.

Le berger vint et la bâtit pour l'enlever, mais il n'eu pas réussi. Rabbi Haim Vital lui dit : Pourquoi la battez-vous, je veux l'acheter ? Le berger se mit à rire et dit : son maître est un homme très riche et ne la vend pas. Il répondit ; j'irais vers lui. Il alla lui parler, le propriétaire lui demanda le prix de 50 chèvres, il le lui donna et la chèvre le suivit. Le Arizal fit venir tous les bouchers, et ils vinrent. Il leur dit : que chacun aiguise son couteau. Il prit un des couteaux, l'examina et tous le firent après lui.

Il dit au bouc ; jetez-vous au sol et dites un Vidouy, il le fit. Ils virent tous qu'il pleurait, et quand il eut fini, il dit ; exposez votre cou, et il l'exposa. Ils cherchaient à l'attacher comme c'était la coutume, mais le maître dit ; il n'est pas nécessaire, car il a déjà exposé son cou par lui-même. Il dit à Rabbi Sofino de l'abattre et lui donna les Kavanot à faire pendant l'abattage, et ainsi il fut fait. Il chercha à examiner le poumon, le maître dit ; ce n'est pas nécessaire, car la chèvre m'a dit qu'elle est kasher à l'intérieur. Alors le maître leur ordonna de ne rien jeter, sauf son sang et ses excréments. Sa peau sera utilisée pour un rouleau de Torah et Tefillin, et ses cornes pour des Shofarot. Ils lui apportèrent toute la viande, il appela un scribe et lui dit d'écrire des Kavanot particulières. Il envoya un morceau de viande à chaque étudiant du groupe en leur demandant de le manger avec ces Kavanot. Les compagnons lui demandèrent de quoi il s'agissait. Il leur dit qu'il y avait un certain boucher qui fut un jour poussé à l'abattage hâtivement. Le couteau eut un léger dommage, il échappa à son attention et il nourrit une mauvaise viande à Israël. Il est venu et m'a demandé de le rectifier, qu'ils devaient l'égorger et être prudents avec le couteau, car si le couteau est endommagé, il retournerait dans cette réincarnation. Je l'ai rectifié maintenant. Tous les compagnons étaient terrifiés. La nuit, il vint au Ari dans un rêve et dit : que votre âme repose dans le monde à venir, comme vous m'avez donné le repos.

Sa chair tomba de lui pièce par pièce

Il y avait un Hassid dont le nom était Rabbi Avraham Ben Poeh, il était très riche et sa main était toujours ouverte aux pauvres et aux nécessiteux. Il avait un voisin qui faisait des affaires avec sa femme, car elle était douée pour le commerce. Il arriva que ce voisin soudainement devînt malade et tombât à son lit pendant plusieurs jours, jusqu'à ce que ses organes génitaux aient commencé à se décomposer et sa chair soit tombée de lui morceau par morceau. Il dépensa beaucoup d'argent sur les médecins, mais ils ne trouvèrent pas de remède pour sa maladie. Il pleurait continuellement en raison de sa grande souffrance, de sorte que sa voix était entendue à dix ruelles. Il mourut plus tard en raison de sa grande souffrance, difficile et amère.

Quelques années après sa mort, il y avait un chien noir très laid qui se promenait près de la maison de Rabbi Avraham.

Quand les gens le virent, ils eurent très peur, comme d'un démon malfaisant. Il voulait toujours trouver des moyens de se forcer dans la maison et ils utilisaient toujours des bâtons pour le chasser. Chaque fois que Rabbi Avraham se levait tôt pour sortir par la porte de sa maison à la Beit Knesset, il trouvait toujours ce chien noir debout à côté de la porte attendant qu'il l'ouvre. Il pénétrait dans la maison, Rabbi Avraham le chassait et donnait l'ordre de fermer la porte derrière lui. Quand Rabbi Avraham rentrait tôt de la Beit Knesset à sa maison, il trouvait le chien grattant et s'appuyant contre la porte pour l'ouvrir, et encore il le chassait. Une fois, il arriva que Rabbi Avraham sortît de bonne heure et oubliât de fermer la porte de la maison et la porte extérieure. Tout de suite, le chien sauta dans la maison d'hiver, et de la maison d'hiver à la chambre qui avait aussi une porte ouverte.

Il alla dans la chambre où la femme de Rabbi Avraham était couchée dans son lit. Il la trouva endormie, sauta sur elle et la mordit plusieurs fois en lui donnant des plaies et blessures, et s'enfuit.

Ils allèrent raconter cette affaire au Arizal. Il leur dit que cette femme avait commis l'adultère avec le voisin, et qu'il s'était réincarné dans ce chien. Elle lui avait apporté ce péché avec la tentation des mots et la proximité de ses actions. C'est pourquoi il était venu se venger sur elle. Ils conjurèrent la femme de dire la vérité, et elle avoua qu'elle avait commis l'adultère avec ce voisin. Pour cette raison, ses organes génitaux avaient pourri et son âme était entrée dans le chien. Après, elle chercha à se repentir et mourut au milieu de son repentir, mais Rabbi Avraham l'a chassa immédiatement de sa maison.

Quand Le Ari invita les sept bergers

Une fois, le maître dit à ses étudiants ; ce Shabbat Kodesh, prenez sur vous-mêmes de ne pas parler du tout à la Beit Knesset à Sha'harit jusqu'à ce que vous partez. Que personne ne se mette à rire de ce qu'il voit, car aujourd'hui je prierai pour vous sur la Tevah et j'appellerai à la Torah les sept bergers. Les étudiants répondirent ; nous prendrons volontiers sur nous tout ce que notre maître nous a commandé. Il leur dit : Je vois avec Roua'h Hakodesh que l'un de vous sera puni parce qu'il rira.

Quand il était temps de lire la Torah, il appela Aharon le Cohen, il vint et lut sa Parasha disant la Berakha au début et à la fin.

Puis vint Moshe comme Levy, il lut sa Parasha, dit les Berakhot et repartit. De même Avraham, Its'hak, Ya'akov, et de même ils appelèrent Yosef leTsadik pour être sixième. Pour le septième ils appelèrent David fils de Yishai, il apparut en dansant et jouant, tournant autour du Aron Hakodesh avec toute sa force, portant une plaque à la poitrine et un manteau.

Mikhal la fille de Saul fut punie quand elle rit dans son cœur et dit de David quand il dansait : comme un homme vulgaire qui s'expose aux yeux du peuple et de ses servantes. Elle ne connaissait pas le grand et terrible secret que l'attribut de Malkhout de la maison de David est sa ressemblance à la lune qui n'a rien d'elle-même, et si elle n'a pas de lumière du soleil, elle ne brillera pas du tout et n'aura pas d'abondance. De même 'Hazal ont dit ; le soleil n'a jamais vu les dommages de la lune, parce que tout le temps qu'elle passe devant son visage, elle reçoit sa lumière. Quand elle va derrière lui, elle a des dommages et le manque, parce que le soleil ne peut la voir et la regarder. C'est pourquoi David pensait toujours à la rectifier, car elle est son attribut. Il jura : comme H' vit, je ne donnerai pas de sommeil à mes yeux ou à mes paupières jusqu'à ce que je trouve un endroit pour H', une habitation pour le Puissant de Jacob.

La Malkhout, la maison de David est la Torah orale, son désir est de rejoindre la Torah écrite qui est appelée le ciel. Parce que l'étincelle de David est de Malkhout, quand il vit la Torah écrite, il dansa avec beaucoup de joie et de toute sa force et de même chaque fois qu'il est devant elle. C'est pourquoi la fille de Saul ; Mikhal fut punie pour cela. Aussi un étudiant qui rit fut puni et mourra cette année. C'est la manière des imbéciles de rire de ce qu'ils ne comprennent pas. Quiconque a la crainte de Dieu dans son cœur doit être prudent de regarder quand ils prennent le rouleau du 'Hekhal ou quand ils le rendent. Il doit aller immédiatement et avec agilité jusqu'à lui, l'enlacer et l'embrasser avec grand amour et désir, car depuis les jours de Yehoshua' fils de Nun nous restons au niveau de la lune. Celui qui est sage comprendra cela par lui-même, et H' ordonnera pour nous la bénédiction pour la vie éternelle. Amen.

Un conte de Rabbi Shlomo Luria et Rabbi Moshe Isserles

Il est bien connu que le Arizal illumina la face de la terre avec ses merveilles, et révéla les choses cachées des lieux secrets de la Torah.

Les saints compagnons Rabbi Shlomo Louria et Rabbi Moshe Isserles, lorsqu'ils entendirent de loin, le considéraient comme quelqu'un ayant quitté la clôture de la Torah, car il était étrange à leurs yeux et qu'ils ne savaient pas s'il était digne de tous ces honneurs. Ils le jugèrent et décidèrent de l'excommunier, afin qu'il se repente de ses voies et marche sur les traces de nos sages dans la Halakha.

Lorsqu'il fut connu au Ari que c'était dans leur pensée de lui faire cela, comme il connaissait leur grandeur dans le monde et que leur action serait acceptée parmi tous les hommes de leur ville, il eut très peur. Il était attristé, s'il les punissait ensuite pour leur action, parce qu'ils étaient des Tsadikim complets à ses yeux. Il décida de leur envoyer son saint et pieux disciple Rabbi Haim Vital. Il lui transmit des noms saints à utiliser au moment de besoin et pour Kefitsat haDerekh.

Rabbi Haim Vital vint chez Rabbi Shlomo Louria Yom Shishi, Erev Shabbat Kodesh. C'était le jour convenu par Rabbi Shlomo Louria et Rabbi Moshe Isserles de faire l'excommunication de l'Arizal, chacun d'eux d'où il était. Rabbi Haim Vital dit à Rabbi Shlomo Louria pourquoi et pour quelle raison il était venu, quand il entendu ses paroles, il était très affligé par la question. Il lui répondit ; en vain, vous avez pris tant de peine à venir d'aussi loin. Vous avez utilisé votre force pour rien, car c'est aujourd'hui que Rabbi Moshe Isserles fera l'acte de la place où il se trouve.

Rabbi Haim Vital lui dit : Je ne demanderai qu'une seule chose de vous deux ; que vous retardiez cette affaire jusqu'à dimanche, et ne soyez pas si pressé de faire une chose comme ça, retardez de deux jours de plus. Rabbi Shlomo Luria lui répondit, je suis satisfait et accède à ce que vous demandez dans cette affaire, mais de quelle utilité sera-t-il pour vous avant de faire cela avec mon compagnon Rabbi Moshe Isserles aussi ? Cela est impossible maintenant, parce que c'est aujourd'hui le jour qui a été fixé pour faire l'acte, chacun à sa place. Sans aucun doute Rabbi Moshe Isserles fera l'acte d'où il est, comme convenu entre nous et cela ne fera pas de différence.

Rabbi Haim Vital répondit ; si c'est le cas, je vais aller chez Rabbi Moshe Isserles pour faire de même avec lui. Rabbi Shlomo Louria dit; comment est-il possible pour vous de le faire ? La route est loin et le jour court. Il était sûr que Rabbi Haim serait retardé sur la route pendant Shabbat Kodesh. Rabbi Haim Vital lui dit : Sachez que je reviendrai à vous avant Shabbat et que je dînerai avec vous. Et il en fut ainsi.

Quand il revint à Rabbi Moshe Isserles, il lui dit : aujourd'hui je suis sorti, et aujourd'hui je suis venu. Rabbi Moshe Isserles voulait lui demander de dîner avec lui Shabbat, mais Rabbi Vital lui répondit ; je ne peux pas, car j'ai déjà promis de dîner avec votre compagnon Rabbi Shlomo Louria ce Shabbat. Il revint au rabbin Shlomo Louria comme il l'avait dit. Durant tout Shabbat Kodesh Rabbi Haim Vital ne parla pas de Torah à table, comme cela aurait convenu pour un grand Talmid 'Hakham comme lui, et agit avec discrétion. Il le faisait délibérément pour que Rabbi Shlomo Louria demeure opposé à son maître et à ses étudiants kabbalistes et ne change pas d'avis sur son action.

Quand le dimanche arriva ; le jour qui avait été fixé pour que Rabbi Shlomo Louria et Rabbi Moshe Isserles de faire comme ils le voulaient contre le Ari et ses étudiants, Rabbi Shlomo Louria demanda à Rabbi Haim Vital quelle était sa réponse concernant les façons de son maître, de lui préciser pourquoi il voulait justifier son maître, qu'il n'était pas corrompu dans ses voies et que toutes ses actions étaient impeccables selon la Torah et la Halakha. Sinon, il serait forcé d'agir selon ce qu'ils avaient convenu entre eux. Afin de mettre une barrière contre la violation des méchants, afin qu'ils ne continuent pas à enfreindre les limites de la Torah dans leurs actions étranges, en aveuglant les yeux d'Israël.

Rabbi Haim Vital lui répondit par ces paroles ; sachez qu'il n'est pas possible pour moi de clarifier cette question, sauf si nous sommes tous les deux dans la clandestinité, sans aucun autre homme dans la tente dans laquelle nous sommes. Il demanda s'il y avait une grotte à proximité où les deux seraient capables de ne s'isoler, avec personne d'autre. Rabbi Shlomo Louria lui répondit qu'il y avait une caverne, et ainsi les deux y entrèrent, s'y assirent et discutèrent l'un avec l'autre concernant les voies saintes de son maître le Ari.

Rabbi Shlomo Louria lui demanda de lui donner un signe et un exemple sur ses véritables voies. Rabbi Haim Vital lui répondit par ces paroles ; sachez que notre maître et ses étudiants ont le pouvoir de faire tout ce que nous voulons à vous tous, même de vous ôter la vie, car tous nos moyens sont justes devant H' et pur devant lui. Les ordres de la création nous ont été transmis pour changer la nature et influencer les systèmes autant que nous le voulons. Rien n'est impossible pour nous.

Rabbi Shlomo Louria lui dit : et qui sait si vos paroles sont fiables? Il répondit ; vous verrez, et immédiatement Rabbi Shlomo Louria leva les yeux et vit que la grotte s'était remplie d'une rivière d'eau. Puis Rabbi Haim Vital lui dit : Dites-moi s'il vous plaît : croyez-vous maintenant ? Il répondit ; je ne crois toujours pas que vous ayez le pouvoir de faire de moi comme vous le voulez, ou de me prendre la vie. Rabbi Haim Vital dit; si oui, vous verrez plus... Soudain Rabbi Shlomo Louria vu que l'eau montait et se développait beaucoup plus fort, jusqu'à ce qu'il atteigne la moitié de son corps. Mais il durcit encore son esprit et enhardi son cœur, jusqu'à ce qu'il vit que l'eau montait jusqu'au en haut et que le courant l'accablait. Puis Rabbi Shlomo Louria cria violemment ; sauvez-moi mon frère, à partir de maintenant je crois que votre maître est vrai, et sa Torah est vraie, à travers votre démonstration de miracles comme un signe du Seigneur

Condamné à cause de la révélation

Le Arizal et les camarades étudiaient la section Metsorah et arrivèrent à un passage vague. Rabbi Vital ainsi que les étudiants demandèrent au Arizal de leur expliquer. Il dit ; s'il vous plaît, ne me suppliez pas de le clarifier, je n'ai pas la permission de vous le révéler, et si je le fais sachez que vous le regretterez énormément. Les camarades continuèrent d'insister jusqu'à ce qu'il leur en explique le sens profond. Quand il eut fini, il leur dit ; ne vous ai-je pas demandé, plus d'une fois de ne pas me supplier de révéler ce secret ? Mais vous ne m'avez pas écouté. Sachez que maintenant, il a été décrété que cette année je vous quitterai. Le ciel est mon témoin que je ne suis pas du tout inquiet d'avoir à quitter cette existence, je suis seulement préoccupé par le fait de vous quitter avant que vous vous rectifiiez. Quand les camarades entendirent cela, ils devinrent terrifiés, leur joie faisant place à la douleur ils se mirent à pleurer. Maintenant, arrêtez de vous lamenter, demanda le Arizal. Allons tous chez moi nous enfermer à l'intérieur. Je vous révélerai des secrets très profonds avant que je ne vous quitte. Il donna des chambres aux camarades et dans sa cour, il donna une chambre à chacune des épouses et aux enfants. Les camarades étaient assis en face de lui, et le maître leur révélait des secrets qui n'avaient jamais été révélés, même aux prophètes. La sainteté était si élevée que le Satan était incapable d'y entrer. Quand il essaya d'entrer, le Arizal prononça des noms secrets et le chassa. Au bout de quatre mois, il y eut un différend entre les femmes, qui le dirent à leurs maris et les camarades commencèrent également à se quereller. Le Arizal les apaisa et leur fit faire la paix. Il leur dit ; sachez que durant tout le temps que la paix et l'amour demeurent entre vous le Satan ne pourra pas vous faire de mal. Mais si vous vous querellez encore, il y aura de l'amertume à la fin.

Un vendredi, les femmes recommencèrent à se quereller. Les hommes s'impliquèrent et il y eut de nouveau un différend entre eux. Pour accueillir le Shabbat, le Arizal sortit comme d'habitude avec les camarades dans les champs. En revenant à la synagogue, ils remarquèrent tous que le Maître était très triste et plein de chagrin durant la prière du Arvit[56]. À la fin du service, ils allèrent vers lui et lui demandèrent pourquoi il était si triste, il était habituellement si joyeux quand il priait Shabbat. Il leur dit que pendant qu'ils étaient dans les champs pour accueillir le Shabbat, il vit le Satan et comprit qu'à présent ce dernier avait l'autorisation de frapper. Cela est parce qu'aujourd'hui vous vous êtes disputés, tant que la paix et l'amour régnaient entre vous il n'avait aucun pouvoir,

---

[56] Prière du soir

mais maintenant il va agir. Peu de temps après, le Arizal tomba malade et quitta ce monde.

Son départ de ce monde

C'était un mardi 5 Av de l'année 5332-1572. De son lit de mort, le Arizal bénit chacun selon l'origine de sa Neshama, mais Rabbi Vital n'était pas présent lors de la bénédiction, car il allait à toutes les synagogues afin de prier pour le Arizal. Le maître demanda ; où est Rabbi Vital alors que je dois le bénir comme vous ? Ce qu'il fait présentement n'aidera en rien et n'annulera pas le décret. Ils allèrent le chercher et quand il vint chez le maître, le Arizal lui dit ; je suis si triste pour toi, comment puis-je me séparer de toi ? Mais que pouvons-nous faire, quand le dernier jour est arrivé nous n'avons aucun pouvoir devant l'ange de la mort. Maintenant mon fils, demande-moi ce que tu voudras avant mon départ, de peur que tu ne le regrettes plus tard et demeures dans le doute. Par la suite il l'embrassa, l'étreignit et lui donna sa bénédiction spéciale selon l'origine de son âme.

Tous les amis se réunirent autour du Arizal et il leur dit ; veillez à ce que la paix règne toujours entre vous. Honorez-vous, et si vous le méritez je reviendrai dans une autre incarnation pour étudier avec vous. Je vous révélerai alors les secrets que je ne suis pas autorisé à révéler maintenant. Faites honneur à Rabbi Haïm Vital, mon sincère et loyal élève, la Torah de vie est en lui et à travers lui, elle se propagera dans le monde.

Le maître commença à leur révéler des secrets très profonds et durant ces révélations, il ouvrit les yeux et regarda les murs de la maison et dit ; amis quelle belle journée spéciale aujourd'hui, la maison est pleine et il n'y a même pas d'espace pour y déposer un grain de blé. Tous les Tsadikim sont venus, d'innombrables légions d'anges avec leurs chefs à leur tête viennent escorter mon âme à son endroit choisi. Quand je partirai, laissez les amis prendre soin de laver et de préparer mon corps. Ne plongez pas mon corps dans le Mikvé, seulement m'y emmener et j'y plongerai moi-même. Après ces derniers mots, il vit le rabbin Itshak Cohen debout, il lui dit ; dépêche-toi de sortir maintenant, car il ne reste plus de temps avant que l'âme ne parte. Alors qu'il sortait, le Arizal rendit son âme.

Le Arizal était âgé de trente-huit ans au moment de sa mort. Son visage n'avait pas changé et brillait encore comme les rayons du soleil. Les amis et les rabbins présents commencèrent à pleurer et Rabbi Vital mit de la cendre sur sa tête et fut inconsolable. Les amis prirent alors soin de laver et préparer son corps, et quand vint le moment de l'immerger, ils le mirent près du Mikvé et dirent que le maître avait demandé à ce qu'il soit amené ici et qu'il s'immergera lui-même. Aussitôt, il se leva et plongea. Ils l'habillèrent et l'emmenèrent de chez lui au cimetière.

Le cortège était long et les étudiants, pieds nus pleuraient et déchiraient leurs vêtements. Juste avant qu'ils ne descendent son corps, Rabbi Haïm Vital tomba à ses pieds pleurant et criant. Ils ne purent le retirer que par force pour procéder à l'inhumation. À son repos éternel, il quitta, laissant au monde une connaissance inestimable pour toutes les générations à venir.

ARIZAL - Ses œuvres

Après le décès du Arizal, Rabbi Haïm Vital confisqua toutes les notes que les autres élèves avaient prises des enseignements du Ari. Il révéla que depuis que le maître avait disparu, toutes les sources de la sagesse divine étaient fermées et qu'une bonne compréhension de cette connaissance n'était plus possible.

En l'an 1587 (5347), Rabbi Haïm Vital tomba gravement malade. Rabbi Joshua Ben Nun, un bon ami de Rabbi Vital demanda à son frère Moshe Vital la permission d'emprunter pour quelques jours 600 pages des manuscrits de Rabbi Haim, il accepta. Rabbi Ben Nun embaucha 100 scribes afin que chacun copie six pages en trois jours. Ces copies furent remplies d'erreurs et distribuées au sein d'un groupe très restreint de kabbalistes.

Il fallut à Rabbi Haim vingt ans pour mettre tous les écrits dans l'ordre. Il les arrangea en huit sections connues sous le nom de Shemoneh She'arim - Les Huit portes ou Entrées. Il ne pensait pas que le monde était prêt pour les enseignements du Arizal, avant sa mort en 1620 (5380), il ordonna que tous ses manuscrits soient enterrés avec lui.

Quelques années plus tard, les disciples de Rabbi Haim ; Rabbi Abraham Azulai et Rabbi Yaacov Tzemach effectuèrent un rite kabbalistique connu sous le nom de Sh'eilat Shalom[57], afin de demander permission à Rabbi Haim

---

[57] Demander une question aux esprits divins

de prendre les écrits du Arizal de sa tombe pour les publier, et il accepta.

Son fils Rabbi Shmouel Vital corrigea et modifia également ces manuscrits dans les huit sections. Ils circulèrent d'abord sous forme de manuscrit dans l'année 1660 (5420) et plus tard furent imprimés à Jérusalem en sept volumes dans les années 1863-1898 (5623-5658) avec l'appui des kabbalistes de la Yeshiva Bet-El.

Les Shemoneh Shearim, également connus comme le Etz Haim ou Kitve HaAri, sont :

- Shaar Rouah Hakodesh - méditations kabbalistiques et Yihoudim (unifications) pour atteindre un niveau élevé de Rouah Hakodesh (inspiration divine).

- Shaar HaGilgoulim - origines et systèmes de réincarnation des âmes.

- Shaar HaKavanot - la compréhension kabbalistique des prières et des Mitsvot.

- Shaar HaHakdamot - connaissance préliminaire et introduction sur l'émanation et la création des mondes.

- Shaar Mamarei Rashbi - un commentaire sur certains passages du Zohar de Rabbi Shimon Bar Yohai.

- Shaar Mamarei Razal - le commentaire du Arizal et explication kabbalistique de divers passages de Talmoud, Mishna et Midrashim.

- Shaar HaPesoukim - le commentaire du Arizal et explication kabbalistique des versets de Torah, Prophètes et autres.

- Shaar Hamitsvot - les commentaires et explications kabbalistiques des Mitsvot selon le Arizal.

- Ets Haim, où tous les concepts de la Kabbalah sont expliqués, et Péri Ets Haim pour les commentaires et explications sur les Téfilot, fêtes et Mitsvot selon la Kabbalah.

ARIZAL

Introduction au Ets Haïm

Ets Haim est le travail le plus important du Arizal. Il explique les principaux concepts de la Kabbalah.

Les détails de ces concepts sont plus pour les étudiants avancés de la Kabbalah, ici, nous ne donnerons qu'une idée de base de cette connaissance, en commençant par deux introductions de Rabbi Haim Vital imprimées au début de toutes les éditions de ce livre.

Introduction au Ets Haim, par Rabbi Haim Vital

Alors, dit le jeune homme de la ville, pauvre parmi la multitude ; Haim Vital, fils de mon père Rabbi Yosef Vital. Quand j'étais dans la force de trente ans, ma force s'affaiblit et je m'assis abasourdi, mes pensées étonnées.

Car la récolte était passée, l'été fini et nous n'avions pas était sauvés. Aucun médicament pour notre maladie, pas de remède pour notre chair ni de guérison à nos blessures pour la destruction de notre Temple détruit depuis 1504 ans à ce jour. Malheur à nous, car un jour est passé, un jour de Kadosh Baroukh Hou est de 1000 ans et les ombres de la nuit ont augmentées de 504 ans ; plus de la moitié de la deuxième journée. Toutes les fins (prédites) sont passées, et le fils de David n'est toujours pas venu.

Nous savons, comme nos rabbins ont dit ; que chaque génération dans laquelle le Temple n'est pas construit est comme s'il était détruit dans ses jours. Je me mis à enquêter afin de savoir ce que cela est, pourquoi notre exil a-t-il été allongé et pourquoi le Mashiah n'est toujours pas venu.

Dans Sefer haTikounim, Tikoun 30, page 77 b, nous avons appris ; et le Rouah [58] de Dieu planait, etc. Quel est ce Rouah ? Pour sûr, c'est la Shekhina quand elle est en exil, et c'est ce Rouah qui repose sur ceux qui étudient la Torah.

Étant donné que la Shekhina est parmi eux, ce Rouah dit ; ils dorment, leurs yeux et leurs cœurs sont fermés. Levez et

---

[58] Esprit

réveillez-vous vers la Shekhina, vous n'avez pas de cœur si vous ne cherchez pas à la connaître.

Un Rouah qui va et ne revient pas – c'est le Rouah de Mashiah. Malheur à ceux qui le font quitter ce monde. Il ne reviendra pas, parce que ceux qui servent la Torah sèchement, ne veulent pas apprendre la sagesse de la Kabbalah et font que le déversement de cette connaissance s'arrête.

En particulier, dans ce monde où la Torah devient une hache pour retrancher ceux qui ne le l'étudie qu'afin de recevoir une récompense. Pour être parmi les chefs des Yeshivot et les juges de Sanhédrins, de sorte que leur nom et réputation soient répandus dans tout le pays. Ils ressemblent aux hommes de Dor Haflagah[59] qui construisaient une tour pour atteindre le ciel. Et la raison de leurs actes est écrite par la suite ; faisons-nous un nom pour nous-mêmes.

Il existe cinq types d'Erev Rav[60], le troisième type est appelé le groupe des hommes forts, dont il a été dit ; ils sont les vaillants hommes qui sont du monde des hommes de grande réputation, ils proviennent de ceux qui ont dit ; venez, bâtissons-nous une ville et une tour... - Faisons-nous un nom dans la construction de synagogues et de Beth Midrash et mettons là des rouleaux de Torah avec des couronnes sur eux, mais pas Lishma – sans intérêts, mais plutôt pour leur propre édification. À propos de ce groupe, il est écrit dans la Guemara[61] que quiconque étudie la Torah par intérêt, il aurait

---

[59] Génération de Babel
[60] Multitude – mélange de peuple
[61] Berakhot, 17

été mieux pour lui si son placenta avait tourné sa tête en bas et que jamais il ne sortit dans l'air de ce monde. En effet, ces hommes montrent étonnement et humilité quand ils disent que tout leur engagement dans la Torah est sans intérêts.

Le grand 'Hakham [62]; le Tannai Rabbi Meir (paix sur lui) a témoigné à leur sujet qu'il n'est pas ainsi, quand il dit en termes généraux [63]; celui qui s'engage dans la Torah sans intérêts gagne beaucoup de choses, les mystères de la Torah lui sont révélés et il est fait comme un fleuve qui ne cesse d'avancer, comme une fontaine qui sort vers lui sans effort et prend les eaux de la Torah goutte à goutte du rocher.

Qui montre qu'il n'étudie pas la Torah sans intérêt ? Quel-est cet homme ? Celui dont les yeux ne se remplissent pas de larmes quand il lit ce texte et quand il se rend compte de sa déficience et de sa basse stature.

Il est expliqué que notre sainte Torah est contenue et se trouve dans tous les quatre mondes de Atsilout, Beriah, Yetsirah et Asiah. Quand elle est dans le monde de Atsilout, elle est appelée Kabbalah parce que là, elle est dépouillée de tous les vêtements appelés Pshat [64], à partir des mots Pashatti et kutonti (j'ai enlevé mon manteau). C'est l'aspect de l'habit extérieur sur la chair d'un homme, qui est parfois enlevé, ceci est l'essence du terme Pshat.

En effet la joie de Kadosh Baroukh Hou dans la Torah et la création des mondes avec elle, était dans son aspect intérieur - Neshama, appelé secrets de la Torah et aussi Maase

---

[62] Sage - Erudit
[63] Avot, 6, 41
[64] Sens littéral

HaMerkavah[65], qui est la sagesse de la Kabbalah tel que connu par ceux qui comprennent.

Dans le monde supérieur de Atsilout il n'y a que le bien et aucun mal, donc la Klipah - écorce négative ne peut s'y introduire et la Torah est dépouillée de tout habit corporel[66]. Ce n'est pas ainsi dans le monde inférieur de Yetsirah, le monde de M-atron appelé bon serviteur et aussi appelé l'arbre de la connaissance du bien, du côté du bien, et du côté opposé, appelé sa Klipah - mauvais serviteur, parce que la Torah qui est là est les six ordres de Mishna, appelée servante, comme mentionné ci-dessus et dans Parachat Bereshit, page 27a.

Par conséquent, elle est appelée Mishna[67], considérant qu'il y a des transformations inversées : le bon du côté du bon serviteur ; permis, pur, et le mal du côté du méchant serviteur ; interdiction, impur, impropre. Cela sera compris comme il est écrit au sujet des Tanaïm et Amoraim que tout leur Talmoud a été arrangé selon les secrets de la Torah. Cela est la raison pour laquelle la Mishna et les six ordres ou Guemara, sont appelés corps de la Torah.

Leurs paroles sont comme un rêve sans interprétation. Les mystères intérieurs et secrets appelés Neshama de la Torah sont l'interprétation du rêve, interprété comme dans le secret de : Je dors, mais mon cœur est éveillé[68]. Comme nos sages ont écrit : il m'a fait habiter dans des endroits sombres,

---

[65] Chariot céleste
[66] Sens simple et littéral
[67] Du verbe Hébreu ; Meshané - changement
[68] Shir Hashirim

comme ceux qui sont morts depuis longtemps. Ceci est le Talmoud Babylonien qui n'est éclairé si ce n'est par le Zohar [69] ; qui est les mystères de la Torah et ses secrets, comme il est dit : La Torah est lumière.

Comme le "Hitah (blé) qui a une Guématria de 22, tel que le nombre de lettres dans la Torah, est caché à l'intérieur de plusieurs revêtements tels que le son et l'endosperme. Comme la paille et l'herbe sont appelées herbage, de même la Mishna, par rapport aux secrets de la Torah est appelée herbe. Ceci est implicite dans le Zohar, Parachat Ki Tetse, 275 b ; malheur à ceux qui ne mangent que la paille de la Torah et ne connaissent pas ses secrets, mais seulement ses aspects de clémence ou rigueur. Clément est la paille de la Torah, et ses rigueurs ; le blé de la Torah ; l'arbre du bien et du mal.

Si je venais m'étendre à ce sujet, une centaine de livres ne seraient pas suffisants sans aucun doute et sans aucune exagération. L'homme sage fait sa propre évaluation, car je parle des paroles de vérité. Un homme ne doit pas être étonné quand il voit comment le Zohar appelle la Mishna une servante et écorce, car la Mishna selon son sens littéral est les vêtements extérieurs et écorces aux secrets cachés de la Torah, tel que révélé dans son intériorité, et tous ses sens littéraux ne sont que des choses matérielles de ce bas monde.

En effet, il y a des écorces bonnes à manger comme l'enveloppe d'une canne aromatique. Par conséquent, quand ils sont fils du Pshat de la Mishna sans erreurs, elle est

---

[69] Brillance, illumination

appelée l'arbre de la connaissance du bien. Mais quand, à Dieu ne plaise, ils changent et font le pur impur, le défectueux approprié et permettent l'interdit, alors elle devient l'arbre de la connaissance du mal et leur devient amer.

Revenons maintenant à notre premier article où nous avons dit ; que la Mishna est une servante, car cela est dans le but de recevoir une récompense. Nous savons que Son[70] attribut est mesure pour égale mesure. Par conséquent, pour ceux qui se livrent au Pshat, à leur sujet il est dit ; à sa gauche, la richesse et l'honneur. Ceci est la récompense qui leur est donnée dans ce monde. Pour leur engagement dans la Torah qui est dans l'aspect de leur existence dans ce monde, dans les lois de l'interdit et permis, pureté et impureté et ainsi de suite, cela correspond au serviteur qui sert son maître afin de recevoir une récompense.

Mais, ceux qui se livrent dans les mystères de la Torah, qui sont les aspects de la Torah du monde à venir, à leur sujet il est dit ; longueur de jours sur la droite, comme un monde qui est illimité. Ceci est comparable à un fils qui fait son plus grand effort pour bien servir son père et non pour le plaisir de recevoir une récompense.

Pour les Talmide 'Hakhamim[71] qui étudient la Torah pour elle-même et non pas pour un but personnel, il est nécessaire pour eux d'étudier d'abord le Mikra[72], la Mishna et le Talmoud autant que leur intelligence peut supporter, et ensuite travailler à la connaissance du Créateur dans la 'Hokhma

---

[70] A Dieu
[71] Erudits
[72] Texte littéral

Haemet[73]. Tout comme le roi David commanda à Shlomo son fils ; connais le Dieu de ton père et sers-le.

S'il est difficile pour un homme et qu'il a du mal à étudier le Talmoud, il serait mieux pour lui d'arrêter après tout ses efforts et s'engager dans la Kabbalah. Comme il est dit ; un Talmid 'Hakham qui, pendant cinq ans ne voit pas un beau signe dans le Talmoud, ne le verra jamais. Et en effet, tout homme dont l'étude est facile a l'obligation de donner une partie ; une heure ou deux par jour pour l'étude de la Halakha. Notez qu'il a été expliqué ailleurs que le péché d'Adam HaRishon avec l'Arbre de la connaissance du bien et du mal est qu'il a choisi de ne pas s'occuper de l'Arbre de la vie, qui est la sagesse de la Kabbalah. Telle est précisément la violation des 'Erev Rav[74], ceux qui ont dit à Moché ; vous nous parlerez, nous allons vous entendre de l'Arbre de la connaissance du bien et du mal - et que Dieu ne nous parle pas, de peur que nous mourions - dans les secrets de la Torah. Tels que ceux qui s'égarent, comme certains Bnei Torah[75] à notre époque qui font une mauvaise réputation à la Kabbalah - la vie éternelle, en disant que quiconque l'étudie va mourir jeune, Dieu ne plaise.

Par conséquent, les premières tables qui étaient de l'Arbre de vie ont été brisées. Les secondes qui leur ont été données sont du côté de l'Arbre de la connaissance du bien et du mal ; la Mishna, servante de la Matronita[76]. Cela causa la grande perte qui fut la destruction des premier et second Temples

---

[73] Kabbalah
[74] Multitude qui s'est joint au peuple d'Israel à sa sortie d'Egypt
[75] Erudits
[76] Shekhina

ainsi que ce dernier exil long et amer, jusqu'à ce que Bnei Israël se repentent et recherchent H' leur Dieu, afin de le reconnaître et le comprendre à travers les secrets de la Torah. Ils sauront qui ils servent et qui est leur Roi, et par justice, ils seront dignes d'étudier la Kabbalah. Comme il est écrit : Et H' lui montra un arbre... et il (l'eau) était adouci par le Mashiah, et comme il est écrit dans Parachat Naso dans le Zohar, 124 b ; parce que les Bnei Israël dans le futur goûteront de l'Arbre de vie, qui est le Zohar ; ils seront délivrés de l'exil. L'Arbre de la connaissance du bien et du mal, qui explique ce qui est permis et interdit, ne gouvernera plus....

Ensuite, ils seront comme des anges supérieurs engagés dans la 'Hokhma de la Torah de Atsilout[77] et non pas dans la Torah de Metatro-n, revêtue de vêtements et d'histoires matérielles.

Eliyahou Hanavi (sa mémoire est bénie) dit à Rashbi [78] ; Rabbi, tu es si méritant, à partir de ceci, il sera révélé aux êtres supérieurs, jusqu'à ce qu'il le soit à cette réalité inférieure à la fin des jours, et chacun retournera à ses possessions. Il est expliqué que ce péché est depuis Adam HaRishon jusqu'à maintenant, que quand nous nous repentirons et nous engagerons par amour dans la Kabbalah, Israël sera racheté.

Ceux qui étudient uniquement la Mishna sans regarder ses secrets sont certainement aveugles, car ce n'est que d'après ses secrets que les décisions que ce soit interdit ou permis

---

[77] Kabbalah
[78] Rabbi Shimon Bar Yohay

sont prises. Voici ce qu'Il dit ; qui est aveugle, si ce n'est mon serviteur ? Parce que celui qui étudie seulement le Pshat est appelé un serviteur comme mentionné ci-dessus. Esaïe a prophétisé les concernant qu'ils mériteront de marcher sur une route qu'ils ne connaissent pas, qui est la route de la Kabbalah de ce monde.

La flamboyance des épées et les Keruvim gardent l'entrée du chemin de la vie[79], afin que les mystères de la Torah ne soient compris que par ceux qui le méritent. Comme expliqué dans le Zohar Parachat Naso 123A ; il y a d'autres gardes tels que des serpents et scorpions qui gardent cette merveille chose, de sorte que le non méritant ne soit pas en mesure d'entrer. S'il n'y avait pas de surveillance, tous les pécheurs seraient en mesure d'entrer dans les secrets de la Torah. En raison de cela, celui qui est méchant et entre pour connaître les secrets de la Torah, des anges négatifs appelés ténèbres et obscurité, les serpents et scorpions vont confondrent ses pensées afin qu'il n'entre pas dans un lieu qui n'est pas le sien. Comme il est écrit ; je changerai les ténèbres en lumière devant eux, car le Talmoud Babylonien obscurcit si expliqué seulement sur le niveau de Pshat de ce monde. Je mettrai devant eux la lumière et ils observeront en elle les mystères de la Torah qui y sont cachés, car la Torah est lumière.

Il est dit dans le Zohar, Parachat Beha'alotekha, page 152a ; malheur à l'homme qui dit que la Torah est des histoires et des contes ordinaires, etc. Il pense que le vêtement (histoires) de la Torah est la Torah elle-même, son âme devrait être détruite et il n'aura aucune part dans le monde à

---

[79] Kabbalah

venir. Par conséquent, le roi David a dit ; ouvre mes yeux pour que je puisse contempler les merveilles de ta Torah. Les idiots de ce monde ne regardent que les vêtements extérieurs qui sont les histoires de la Torah et pas plus.

Ils disent qu'il n'y a rien de plus dans la Torah que ses Pshatim [80] et ses vêtements, comme mentionné ci-dessus dans Parachat Beha'alotekha ; il ne fait aucun doute qu'ils n'auront pas de part dans le monde à venir. La raison étant que la Torah du monde à venir n'est pas selon le Pshat. Là bas, ils ne se livrent que dans les mystères de la Torah et ses secrets et celui qui n'a pas fait les efforts (pour l'apprendre) dans ce monde, tel qu'il est dit ; celui qui ne prépare pas pour 'Erev Shabbat, ne mangera pas le Shabbat. Sur eux, il a été dit ; mes serviteurs mangeront, mais vous aurez faim....

Le groupe qui s'engage dans les mystères de la Torah et la sagesse du Zohar est appelé Adam – Homme comme mentionné dans le livre des Tikounim, page 1 ; les maîtres de la Michna sont de jeunes oiseaux, les maîtres de la Kabbalah sont des fils. Comme il est écrit dans un Midrash de Mishle sur le verset ; H' ne laissera pas l'âme d'un Tsadik avoir faim, Rabbi Yishma'el dit ; venez voir comment difficile est le Yom HaDin [81]... il disait ; hélas pour cette honte, hélas pour cette humiliation... celui qui a Mikra [82] dans sa main et non Mishna... celui qui a deux ordres dans sa main... Halakhot... Torat Cohanim ...'Hamisha 'Humshei Torah [83]. Agadah. Talmoud dans sa main... Kadosh Baroukh Hou lui dit ; mon fils, comme

---

[80] Sens littéraux
[81] Jour de jugement
[82] Torah écrite
[83] Cinq livres de la Torah écrite

vous ne vous êtes pas engagés dans un apprentissage profond, dans la Merkava[84], dans mon orgueil, car je ne prends aucun plaisir dans ce monde, sauf lorsque des Talmidei 'Hakhamim s'assoient, s'engagent, regardent et méditent beaucoup sur cet apprentissage, mon trône de Kavod, comment tient-il ? ... pouvoirs ? ... foudre ? ... Keruv... etc. Ceci est ma magnificence, ma grandeur, quand mes fils apprennent mon Kavod[85]...

Il a été fait explicitement clair, même dans les paroles des Tannaïm, qu'un homme ne remplit pas complètement ses obligations en s'engageant seulement dans le Mikra[86], la Mishna, la Agadah et le Talmoud. Qu'il est obligé de s'engager avec toute sa capacité dans le les choses cachées de la Torah et dans Ma'asé HaMerkavah, car Kadosh Baroukh Hou ne prend aucun plaisir sur ce qui a été créé dans Son monde, sauf lorsque Ses fils ci-dessous sont engagés dans les mystères de la Torah pour reconnaître Sa grandeur, Sa beauté et Son élévation. Étant donné que les Pshatim de la Torah, leurs histoires, lois et Mitsvot, sont au niveau du Pshat et n'ont pas la conscience ou compréhension pour reconnaître le Créateur (béni est-il).

En outre, il y a dans la Torah des Mitsvot et des principes qui dépassent le raisonnement. Toutes les nations du monde reprochent à Israël et leur disent ; quelle est cette Torah que votre Dieu vous a commandée ? Elle ressemble à des énigmes et paraboles, comme le fait de sonner dans une corne à Rosh Hashana ferait que le Satan spirituel, le plus

---

[84] Chariot céleste - Kabbalah
[85] Honneur
[86] Torah écrite

grand accusateur, soit confus. La majorité des Mitsvot de la Torah et en particulier les détails de leurs lois, l'intellect ne peut les supporter. Par conséquent, où est la splendeur de la Torah, sa beauté et sa grandeur ? Ces mots sont clairs à celui dont le cœur Dieu a touché, ceci est le secret de ce qui est écrit ci-dessus, que celui qui étudie la Mishna et le Talmoud est appelé un serviteur qui sert son maître afin de recevoir une récompense, ce qui n'est pas pour qui étudie la Kabbalah, car il rectifie et donne de la force en haut. Il est appelé sans aucun doute ; celui qui s'engage dans la Torah sans intérêt. En outre, l'homme n'a été créé pour aucun autre but que d'apprendre la Kabbalah, mais il est nécessaire que son corps soit nettoyé à travers les Mitsvot pratiques. Cela est leur but final et nous sommes obligés de les accomplir.

Ensuite, la Neshama qui est appelée la bougie de Dieu, sera en mesure d'éclairer son corps, comme une bougie placée à l'intérieur d'une lampe à l'huile en verre qui éclaire. Elle lui donne la force de comprendre les choses cachées de la Torah et révèle les choses profondes à partir de l'obscurité. Tel est le secret de ce qui est écrit ; les Mitsvot de H' ont été créés pour éclairer les yeux, ce qui signifie ; de comprendre les choses cachées de la Torah à travers elles, tel est le but final de tout tel que mentionné dans le Zohar de Shir Hasihirim dans le verset ; dis-moi, toi que mon âme aime... :

Méritant est celui qui s'efforcent de connaître la sagesse de son maître et se penche sur les mystères célestes. Quand il s'élève de ce monde, toutes les rigueurs sont retirées de lui et un endroit spécial est préparé pour lui en haut. Sachez que celui qui monte au monde supérieur sans cette connaissance, même s'il a de bonnes actions, ces voies lui seront fermées.

Pour les Talmidei 'Hakhamim ; il est écrit : s'il n'est pas connu à vous, la plus belle des femmes[87]. - Si vous venez sans connaissance[88], si vous ne l'avez pas étudiée avant de venir ici et ne connaissiez pas les mystères du monde supérieur, même si vous êtes la plus belle des femmes, en Mitsvot et en bonnes actions, vous ne pouvez pas monter ici, sortez......

Il ne fait aucun doute que l'homme sera probablement étonné quand il voit ce qui est écrit ci-dessus, que même avec de bonnes actions les chemins élevés ne lui sont pas ouverts. Rabbi Yehonatan Ben Zakai, rabbi des Tannaïm, maîtres de la Michna, au moment de son décès pleurait. Il dit qu'il y avait deux routes devant lui et il ne savait pas dans quelle route ils le conduiront. Dans Masekhet Souka ils racontent de grandes et merveilleuses choses sur lui, qu'il étudiait continuellement Mikra, Mishna, Talmoud, Ma'asé Merkava, et ainsi de suite, et néanmoins il avait peur.

Si je venais élaborer sur l'explication de toutes ces paroles, le temps serait court. Certes, nous serons en mesure de comprendre d'une manière brève, selon ce qui est mentionné ci-dessus ; que la récompense du Pshat des Mitsvot et la Torah est dans ce monde et dans le Gan 'Eden de ce monde. Il est vrai que l'entrée dans le monde supérieur n'est possible que lorsqu'un homme s'engage autant qu'il peut dans la sagesse du Zohar. Sinon, il sera expulsé, même s'il a fait des Mitsvot et des bonnes actions, et en effet, la Neshama qui a sa part dans les secrets de la Torah est punie et ne pénètre pas dans le haut Gan 'Eden, comme mentionné ci-dessus.

---

[87] Shir Hashirim
[88] Kabbalah

Une introduction de plus de Rabbi Haim Vital

Moi l'écrivain, par Son grand Nom (béni soit-Il) adjure la personne à qui ces livres tombent entre ses mains, de lire cette introduction. Si son âme désire entrer dans cette connaissance, qu'il prenne sur lui de compléter et d'accomplir tout ce que je vais écrire. Le Créateur garantira qu'aucun dommage ne viendra sur son corps, son âme, sur tout ce qu'il possède ou sur les autres, comme récompense pour sa recherche du bien. Le chemin principal de cette étude et connaissance est de purger la vigne de ces épines ; voilà pourquoi ceux qui se livrent à cette sagesse sont appelés broyeurs de champ. Il est certain que les écorces négatives seront stimulées contre lui pour le tenter et l'amener à pécher. Par conséquent, il doit être prudent de ne pas approcher le péché, même par erreur, de sorte qu'il n'ait pas de pouvoir sur lui. Il doit faire attention aux allègements, car avec les Tsadikim Kadosh Baroukh Hou prend en compte la largeur d'un cheveu. Par conséquent, il doit se séparer de la viande et du vin tous les jours de la semaine et porter attention à l'avertissement de ; détourne-toi du mal, fais-le bien et recherche le Shalom. Il est nécessaire d'être un poursuivant de Shalom et ne pas être strict dans sa maison sur quoi que ce soit, petit ou grand. Comme il est écrit ; il ne doit pas se mettre en colère, Dieu ne plaise.

Il a besoin de prendre ses distances autant que possible du mal tel que :

1) Faire attention à toutes les petites spécifications des Mitsvot et même dans les paroles des 'Hakhamim - d'eux vous ne devriez pas du tout vous détourner.

2) Il doit corriger ce qui est déformé avant qu'il n'entre dans le monde à venir.

3) Qu'il fasse attention à la colère, même quand il fait des reproches à ses enfants, il ne doit pas du tout se mettre en colère.

4) Il faut aussi se méfier de l'orgueil, en particulier en matière de Halakha, car son pouvoir est grand et la fierté dans cela est une grave violation.

5) Dans chaque affliction qui vient à lui, il doit examiner ses voies et revenir à H'.

6) Il doit s'immerger aux moments nécessaires.

7) Il doit se sanctifier même dans les relations conjugales.

8) Il ne doit pas dormir pendant toute la nuit, et doit penser chaque soir à ce qu'il a fait dans la journée et se confesser.

9) Il doit aussi garder ses relations d'affaires à un minimum, et s'il n'a pas un revenu à côté du commerce, qu'il réserve Yom Shelishi[89] et Yom Revi'i[90] à partir de midi, au service de son Créateur

10) Il doit faire attention à toute parole qui ne soit pas à propos d'une Mitsva ou non-nécessaire. Même pour une question de Mitsva, il devrait éviter de parler pendant la Tefilah.

---

[89] Mardi
[90] Mercredi

Et faire le bien tel que :

1) Se lever à minuit et faire le Seder (Tikoun hatsot) habillé d'un sac et de cendres. Avec de grands pleurs et Kavana[91] sur tout ce que ses lèvres disent. Ensuite, il doit se livrer à l'étude de la Torah aussi longtemps qu'il le peut sans dormir et se réveiller avant l'aube afin d'étudier la Torah.

2) Il doit aller à la Beit Knesset avant l'aube, avant l'heure de l'obligation de Talit et Tefillin, et faire attention à être l'un des dix premiers.

3) Avant qu'il n'entre, il doit accepter dans son cœur la Mitsva positive ; tu aimeras ton prochain comme toi-même, et seulement par la suite, entrer.

4) Il doit compléter l'allusion dans les lettres de צדיק[92] (Tsadik) tous les jours, qui est 90 Amen, 4 Kedushot, 10 Kadishim et 100 Berakhot.

5) Il ne doit pas détourner son attention des Tefillin au moment de la Tefilah, sauf au moment de la Amida et dans l'étude de la Torah.

6) Il doit s'envelopper dans un Talit et Tefillin quand il s'engage dans la Torah.

7) Il doit faire les Kavanot dans la Tefilah comme il est écrit.

8) Il doit toujours placer devant ses yeux le nom de quatre lettres HaVaYaH, et trembler devant lui, comme il est écrit ; je mets H' devant moi continuellement.

---

[91] Concentration
[92] Guematria de 204

9) Il doit se concentrer dans toutes les Berakhot, et en particulier pour les Brakhot Nehenin[93].

10) Il est nécessaire pour lui de peiner dans le Pshat, Remez, Drach et Sod[94] de la Torah, dont on dit : Laissez-le tenir à ma force, et qu'il ne pense pas que les mystères de la Torah lui seront révélés alors qu'il est vide, comme il est écrit ; il donne cette connaissance aux sages.

Il doit également veiller à ne pas prononcer de sa bouche quelque chose de cette connaissance qu'il n'a pas entendue d'une personne digne de confiance. Comme l'avertissement de Rashbi et ses compagnons ; tout d'abord, il doit garder son discours à un minimum, et de garder le silence autant que possible, de sorte qu'il ne prononce pas de conversation inutile. Comme le disent nos sages ; le silence est une sauvegarde à la sagesse. Une autre condition également ; qu'il pleure autant qu'il peut sur un sujet de Torah qu'il ne comprend pas. Pour que l'âme monte la nuit vers le monde supérieur et ne soit pas retenue par les vanités du monde, il doit s'endormir avec des pleurs et une tristesse amère. Car pour atteindre la sagesse et la compréhension ; rien ne fait obstacle à sa réalisation plus que cela[95]. Également pour la compréhension d'un homme, il n'y a rien de plus utile que la purification et l'immersion ; il doit être pur à tout moment. Mon maître, en raison de sa santé fragile, même si le froid lui causait des dommages, ne renonçait pas à se plonger en tout temps.

---

[93] Bénédictions après manger
[94] Sens littéral, allusion, allégorie et secret
[95] Quand sa Neshama ne peut monter la nuit

Ets Haim

Dans Ets Haim le Arizal révèle en détail tous les concepts de la Kabbalah. Du premier acte de Dieu dans la création (Tsimtsoum), aux différents mondes, Sephirot, Zivouguim (unions des énergies) et plus.

[Le texte original est très difficile et technique. À partir de quelques lignes du texte original, nous avons ajouté beaucoup de notes afin expliquer ces concepts].

Au début

Sachez que, avant que les créés ne soient émanés, il y avait une simple lumière remplissant tout l'espace et rien n'était vide de cette lumière. Il n'y avait ni commencement ni fin ; tout était rempli également par cette lumière qui est appelée la lumière du Ein Sof[96].

Tsimtsoum - Rétractation

Quand il vint à Sa volonté de créer les mondes et les créatures, afin de révéler la perfection de Ses actes et qualités ; ce qui est le but de la création, Il rétracta sa lumière à partir d'un point central afin de laisser un espace vide pour contenir tous les mondes. Cet espace est rond et entouré également de tous les côtés par Sa lumière. Ce premier acte de la création est appelé Tsimtsoum. Cet espace vide révéla maintenant une possibilité d'existence[97].

Kav - Rayon

Un rayon rectiligne de Sa lumière entra dans cet espace vide afin de maintenir le lien avec la lumière encerclante à l'extérieur de l'espace circulaire. De ce rayon appelé 'Kav',[98] tous les mondes seront créés à l'intérieur de cet espace. Une fois que le Kav y soit entré, une lumière encerclante proche de la limite intérieure de l'espace émana du Kav. Ce fut la première des Sephirot encerclantes appelée Keter. Ensuite, une seconde lumière encerclante émana du Kav sous la première, appelée Hokhma. D'autres lumières encerclantes

---

[96] Sans fin ni limites, nom de Dieu le plus utilisé dans la Kabbalah
[97] Étant distancée de Sa pure lumière
[98] Le Kav et la racine de toute la direction et l'intériorité profonde de toute la création

émanèrent du Kav sous Hokhma une dans l'autre, leurs noms sont : Binah, Hesed, Gevourah, Tiferet, Netsah, Hod, Yesod et Malkhout. Elles sont appelées les Sephirot Ha'Igulim - Sephirot encerclantes.

Sephirot[99]

Dans une seconde émanation, le Kav (rayon) maintint sa forme droite et fit dix autres Sephirot, mais cette fois dans un agencement linéaire. Ces dix Sephirot droites furent organisées en trois colonnes : droite, gauche et milieu ; cela est le modèle de la direction dynamique du monde. Chacune de ces trois colonnes représente l'une des principales forces qui font la direction : bonté, rigueur et ce qui fait l'équilibre entre les deux ; miséricorde.

---

[99] La lumière de D. est unique et de force et qualité égales. Une *Séphira* est en quelque sorte un « filtre » qui contient et transforme une certaine partie de cette lumière en force ou attribut particulier. Une *Séphira* est la manière par laquelle le Créateur révèle une partie, ou un attribut de Sa volonté dans la création. La lumière se divise en dix gradations différentes de son émanation originale, chacune avec ses propres qualités, caractéristiques et actions.
Le système des *Séphirot* est l'un des éléments principaux étudiés dans la Kabbalah. Il décrit et explique avec précision et nombreux détails les manifestations et émanations de la lumière de D. qui font la direction des mondes. Chaque *Séphira* se compose d'un récipient appelé *Kéli*, qui contient sa partie de lumière appelée *Or*. Il n'y a aucune différence dans la lumière elle-même, puisque c'est une partie de la lumière originale; la différence vient de la particularité, ou de la position de la *Séphira*.

Les *Séphirot* linéaires sont arrangées en trois colonnes: droite, gauche et milieu, représentant la direction du monde actuel selon les qualités de bonté, rigueur et miséricorde. Du côté droit est la colonne de bonté, du côté gauche, la colonne de rigueur et au milieu, la colonne de miséricorde qui fait l'équilibre entre les deux autres colonnes. Cet arrangement de dix *Séphirot* est le concept de tout créé, puisque que tout ce qui existe est composé de dix énergies.

Les noms des dix Sephirot sont :

Keter[100]	Couronne	**Tiferet**[101]	Beauté
Hokhma[102]	Sagesse	**Netsah**[103]	Gloire
Binah[104]	Discernement	**Hod**[105]	Splendeur
Hesed[106]	Bonté	**Yesod**[107]	Fondation
Gevourah[108]	Rigueur	**Malkhout**[109]	Royauté

---

[100] La première et plus importante *Séphira* est *Keter*. Elle englobe toutes les autres *Séphirot* et représente la volonté divine ; sa première expression et manifestation. Sa position est au-dessus de la colonne centrale, qui correspond à la miséricorde

[101] La sixième *Séphira*, *Tiferet*, est bonté et justice et fait l'équilibre entre les *Séphirot 'Hesed* et *Gevourah*. Sa position est au milieu de la colonne centrale, qui correspond à *Ra'hamim* (miséricorde).

[102] La deuxième *Séphira*, '*Hokhma, Keter* étant la volonté, '*Hokhma* est la première manifestation de la pensée. C'est la conscience initiale sous sa forme générale. Sa position est au-dessus de la colonne droite, qui correspond à '*Hesed* (bonté).

[103] La septième *Séphira*, *Netsa'h*, elle reçoit de la *Séphira Tiferet* cette nouvelle réalité mitigée provenant des *Séphirot 'Hesed* et *Gevourah* – Bonté et Rigueur, mais plus influencée par la Bonté étant située sur le coté droit. Sa position est au-dessous de la colonne droite qui représente '*Hesed* – Bonté.

[104] La troisième *Séphira*, *Binah*, à partir d'elle débute la rigueur. Après la conscience initiale dans '*Hokhma*, le rôle de *Binah* est de traduire cette pensée générale en mode cognitif prêt à être mis en action. Sa position est au-dessus de la colonne gauche, qui correspond à *Gevourah* (rigueur).

[105] La huitième *Séphira*, *Hod*, elle reçoit également de la *Séphira Tiferet* cette nouvelle réalité mitigée entre les *Séphirot 'Hesed* et *Gevourah*, mais est plutôt influencée par la rigueur, étant située sur la colonne gauche. Sa position est au-dessous de la colonne gauche, qui correspond au DiN (rigueur).

[106] La quatrième *Séphira*, '*Hesed*, est la qualité de toujours donner sans limites, d'aimer, d'épandre vers l'extérieur afin d'aider et pardonner. Sa

Shvirat Hakelim – Brisure des récipients

Nous allons maintenant expliquer que lorsque ces rois[110] sont morts, leurs Kelim - les récipients tombèrent dans le monde

---

position est au milieu de la colonne droite, qui correspond au 'Hesed (bonté

[107] La neuvième *Séphira*, *Yesod*, fait l'équilibre entre les *Séphirot Netsa'h* et *Hod* pour la direction, et fait le lien ou le raccordement entre toutes les *Séphirot* supérieures et la *Séphira Malkhout*. C'est le point de convergence entre les dimensions supérieures et la dernière *Séphira Malkhout* qui, elle, reflétera les déversements d'énergie à l'homme et à la création. Sa position est avant la dernière *Séphira*, au-dessous de la colonne centrale, qui correspond à *Ra'hamim* (miséricorde).

[108] La cinquième *Séphira*, *Gevourah*, elle est la qualité de restriction, limitation et sévérité. Elle limite l'excès de bonté de la *Séphira 'Hesed*, mais est toujours influencée par elle, heureusement, car une complète rigueur serait la destruction de tout ce qui n'est pas parfait. Sa position est au milieu de la colonne gauche, qui correspond au *Din* (rigueur).

[109] La dixième *Séphira*, *Malkhout*, traduit toutes les émanations supérieures qui sont canalisées par la *Séphira Yesod* en une qui sera reflétée à la création. C'est le lien ou le raccordement entre toutes les *Séphirot* supérieures et l'homme. Ce rapport est bi-directionnel, car tout ce qui est communiqué du bas vers les *Séphirot* supérieures ira en premier vers la *Séphira Malkhout*, et d'elle vers celles qui se trouvent au-dessus d'elle. Sa position est au-dessous de la colonne centrale, qui correspond à *Ra'hamim* (miséricorde).

[110] Les sept Sephirot de Hesed à Malkhout qui se brisèrent. Les dix *Séphirot* qui émergèrent en premier étaient de l'aspect du nom de *BaN* (52) ; elles correspondent à l'aspect féminin - rigueur et sont la racine de la détérioration. Quand elles sont sorties, les récipients des trois premières *Séphirot Keter*, *'Hokhma* et *Binah* ont reçu et ont contenu leurs lumières, car leur arrangement étaient en trois colonnes. Les sept récipients des *Séphirot* inférieures n'étaient pas dans l'arrangement de trois piliers requis pour la direction de bonté, rigueur et miséricorde. Les lumières essayèrent de rentrer dans leurs récipients respectifs, mais les récipients incapables de retenir ces lumières se sont brisés. Les lumières restèrent dans le monde d'*Atsilout*, leurs récipients tombèrent dans les mondes inférieurs. Ceci causa un dommage important appelé *Shvirat HaKélim* - la cassure des

111

de Beriah, ce qui n'est pas le cas pour Abah et Imah. Les sept rois qui sont ZouN [111] descendirent complètement incluant leur Or - lumière et Keli. Les Séphirot de Abah et Imah tombèrent, mais restèrent dans le monde de Atsilout[112].

Étincelles

Pendant Shvirat Hakelim lorsque les Kelim sont descendus à Beriah 288 étincelles de la lumière originale descendirent avec les Kelim pour les soutenir[113].

---

récipients. Les récipients des sept *Séphirot*, qui n'ont pas contenu leurs lumières, sont tombés dans le monde de *Beriah* (création). Cet arrangement imparfait est la première origine de la *Sitra A'hra* (côté négatif) - « mal ».

[111] Sept Séphirot inférieures de Hesed à Malkout

[112] Les trois premières *Séphirot Keter*, *'Hokhma*, et *Binah* n'ont pas complètement contenu leurs lumières dans leurs parties inférieures ; elles sont tombées plus bas mais ne se sont pas brisées. Ces parties inférieures correspondent à ce qui est nécessaire pour la direction des sept *Séphirot* inférieures. Si elles avaient complètement contenu leurs lumières, les sept *Séphirot* ne se seraient pas cassées, et les notions de *Kilkoul* (dommages) et *Tikoun* (réparation) n'existeraient pas. Les racines de tout créé sont dans les sept *Séphirot* inférieures (*Za'T*) ; les trois premières *Séphirot* sont comme une couronne sur les autres sept, pour les réparer et les diriger. Il est important de comprendre que tout ce qui se produit dans notre monde est semblable à ce qui s'est produit dans cette chute. Si les récipients avaient contenu leurs lumières, les sept *Séphirot* inférieures ne se seraient pas cassés et le monde aurait été dans un état parfait dès le début.

[113] Pour permettre la subsistance des récipients après qu'ils soient tombés, 288 étincelles de lumières descendirent également, car un raccordement à leurs lumières originales était nécessaire pour les maintenir vivantes. Certaines de ces étincelles se réunirent à leurs lumières et aidèrent les récipients à remonter, afin de se réunir aussi à leurs lumières, alors que d'autres tombaient encore plus bas dans les autres mondes. Le *Tikoun* - réparation est de faire remonter toutes les étincelles qui n'étaient pas remontées vers leurs lumières et ainsi ramener la création à son état original. Par conséquent, le but de tous les actes, accomplissement des commandements et prières des hommes dans cette existence, est d'aider et

Partsouf - configuration

Si nous allons en détail sur les résultats de ces Séphirot nous voyons qu'elles se divisent en cinq aspects. Chacun de ces aspects est appelé Partsouf[114] - visage, face ou contenance. Ils émanent tous les dix Sephirot comme suit :

De Keter :
- Arikh Anpin[115]
De 'Hokhma :
- Abah[116]
De Binah :
- Imah
De 'Hesed, Gevourah, Tiferet, Netsa'h, Hod et Yesod:
- Zeir Anpin[117], également appelé Israël

---

participer à la remontée vers leur origine du reste de ces 288 étincelles tombées. Ceci peut être accompli de différentes manières, mais principalement en accomplissant les *Mitsvot* et les prières.

[114] Un *Partsouf* est une configuration d'une ou plusieurs *Séphirot* agissant en coordination. La direction des mondes dépend des différents positionnements et interactions des *Partsoufim* (configurations) masculins et féminins, puisqu'ils ont un effet direct sur la mesure et l'équilibre des facteurs de bonté, rigueur et miséricorde.

[115] *Arikh Anpin* est la configuration principale dans chaque monde, toutes les autres configurations sont ses «branches». *Arikh Anpin* est la première configuration dans *Atsilout* et la racine de toutes les autres. Il s'étend du haut au bas d'un monde.

[116] Les deux *Partsoufim* (configurations) de Abah et Imah sont essentiels pour la direction des mondes ; ils sont le lien entre la configuration *Arikh Anpin*, qui est la configuration la plus élevée, et la configuration *Zeir Anpin* qui communique ces émanations aux mondes par son *Zivoug* (union) avec la configuration *Noukva*.

De Malkhout :

Noukvah, divisé en deux Partsoufim : Ra'hel et Leah

Zivouguim - Unions

Il existe deux types de Zivouguim ; un est appelé intérieur et le second extérieur. Il y a différentes raisons et buts à ces unions[118].

---

[117] La configuration *Zeir Anpin* est le plus souvent appelée par ses initiales ; *Z'A*. Elle se compose des six *Séphirot* inférieures: 'Hesed, Gevourah, Tiferet, Netsa'h, Hod, et Yesod. Pour le créé, *Z'A* avec la configuration *Noukva*, sont les configurations principales pour la direction. Tous nos rapports avec ce qui est plus haut sont d'abord dirigés vers *Zo'uN (Zeir Anpin* et *Noukva)*. *Zeir Anpin* est une configuration dynamique, constamment dans un processus d'évolution d'un état plus petit à un de croissance afin de renouveler ses forces et son influence. Pour que l'abondance descende au monde, la configuration masculine *Zeir Anpin* doit s'unir à *Noukva* - le féminin. Il ne peut y avoir d'abondance que quand les masculins et les féminins sont en harmonie. La direction du monde est dépendante des différents positionnements et interactions des configurations masculines et féminines, puisqu'elles ont un effet direct sur la mesure et l'équilibre des facteurs de bonté, rigueur et miséricorde. Les configurations *Zeir Anpin* et *Noukva* sont la racine de tout créé. C'est par leurs unions et *Tikounim* - actions et interactions, que la direction selon la justice est manifestée. Chaque jour, selon les actions de l'homme, les prières pendant la semaine, le Shabbat ou les fêtes, et selon le temps, des diverses configurations permettent différentes unions des configurations, ayant comme résultat des déversements d'abondance en intensités variables.

[118] Une fois que les configurations ont recu leurs forces directives et sont dans la poition de face à face, elles sont prétes pour le Zivoug – s'unir. Le Zivoug est l'union entre le masculin et le féminin. Pour que l'abondance descende au monde, la configuration masculine *Zeir Anpin* doit s'unir à *Noukva* - le féminin. Il ne peut y avoir d'abondance que quand les masculins et les féminins sont en harmonie. La direction du monde est dépendante des différents positionnements et interactions des configurations masculines et féminines, puisqu'elles ont un effet direct sur la mesure et l'équilibre des facteurs de bonté, rigueur et miséricorde. Les configurations *Zeir Anpin* et *Noukva* sont la racine de tout créé. C'est par

Mondes

A l'intérieur de l'espace les différents mondes ont été émanés, le premier est Adam Kadmon (Homme primordial) et de lui ont émergé les émanations qui ont fait les autres mondes.

Il y a quatre mondes. Le premier à se dévoiler à partir d'Adam Kadmon est appelé Atsilout [119] (émanation). Le deuxième monde est Beriah [120] (création), le monde des âmes. Le troisième monde est Yetsirah [121] (formation), le monde des

---

leurs unions et *Tikounim* - actions et interactions, que la direction selon la justice est manifestée. Chaque jour, selon les actions de l'homme, les prières pendant la semaine, le Shabbat ou les fêtes, et selon le temps, des diverses configurations permettent différentes unions des configurations, ayant comme résultat des déversements d'abondance en intensités variables.Deux conditions sont nécessaires pour que l'union soit possible : les configurations doivent être construites, et le féminin doit susciter une réaction du masculin. Le but du service des créatures est d'aider à préparer les configurations *Z'A* et *Noukva* à s'unir, et ceci, par l'observance des commandements et des différentes prières. Les prières ainsi que les différents rituels juifs comportent des méditations, noms ou permutations de noms qui causent l'élévation et l'adhérence des mondes afin de préparer ces configurations pour leurs unions.

[119] Le premier monde, *Atsilout*, est le monde de l'émanation, le monde de la pensée divine. C'est un monde complètement spirituel sans aucune existence d'entités séparées. Il amène à existence et soutient les autres mondes. A partir de *Atsilout* se sont dévoilés tous les mondes inférieurs, qui sont la source d'existence pour les mondes physiques. La possibilité de récompense et punition ainsi que du mal.

[120] Le monde de la création, le monde des âmes. C'est le premier monde où les entités séparées ont la possibilité d'existence. Ces différentes créations sont de la plus haute spiritualité ; elles sont les âmes avec leur pleine luminosité, avant qu'elles ne descendent dans les corps physiques

[121] Le monde de la formation, le monde des anges. Après *Beriah* qui a des entités séparées, quoique de niveau spirituel plus élevé, *Yetsirah* est également un monde spirituel, mais ses anges qui sont ses entités séparées, ont également une forme spirituelle.

anges. Le quatrième monde est Asiah[122] (action), le monde de l'existence physique.

---

[122] Le quatrième monde à se dévoiler se nomme '*Asiah* - action, le monde de l'existence physique. Il se trouve le plus éloigné de l'émanation de la lumière, qui a été maintenant filtrée par les trois mondes au-dessus de lui. Tout type d'existence physique est maintenant possible et même l'existence de forces opposées est permise. C'est le monde de l'homme comme entité composée de deux éléments contraires : une âme provenant du monde très haut de *Beriah*, et un corps physique du monde inférieur de '*Asiah*. Ces deux composants sont toujours en état de lutte, l'âme étant attirée vers les plus hautes dimensions de son origine spirituelle, alors que le corps lui, est plutôt entraîné vers les plaisirs physiques ainsi que les vanités de ce monde.

Péri Ets Haim

Dans Péri Ets Haim sont les commentaires et explications du Arizal sur les Téfilot, jours de fête et Mitsvot selon la Kabbalah.

ARIZAL

Tefilah est dans Malkhout

Chaque Tefilah est dans le monde de Asiah[123], comme il est écrit ; une Tefilah de l'opprimé quand il s'affaiblit. C'est la Malkhout ; pauvre et opprimée, qui demande et prie à Z'A[124] son mari qu'il lui donne ce qui lui manque. Toute mention de Tefilah dans la Torah est nommée Shefikhat Nefesh – versement de l'âme, qui est soit l'aspect de Malkhout dans Atsilout ou Asiah, puisque les deux sont appelées âme. Comme l'Ecriture dit ; je répandrai mon âme devant H'. Par conséquent, Tefilah est référée selon le terme de lamentation, comme il est écrit ; une Tefilah de l'opprimé... il déverse sa complainte, car Tefilah est de l'aspect de Malkhout qui n'a rien d'elle-même. Devant H' ; qui est Z'A, elle demande ce dont elle a besoin, comme il est dit pour Malkhout de Asiah ou Yetsirah, car chacun demande à ce qui est au-dessus de lui.

Les douze portes de la Tefilah

À propos des origines des coutumes où il y a des différences entre les Ashkénazes, Sépharades, Catalans, Italiens et autres sur l'ordre de la Tefilah. Notre maître le Arizal expliqua qu'il y a douze portes aux mondes supérieurs comme les douze tribus, et que chacun fait monter sa Tefilah à travers l'une de ces portes, tel que mentionné dans le livre d'Ezéchiel. Il expliqua que ces portes et les chemins vers elles ne sont certainement pas identiques, chacune est différente de l'autre, par conséquent les Téfilot sont également différentes. Pour cette raison ; il est approprié pour chaque personne de maintenir ses coutumes dans la Tefilah,

---

[123] Malkhout de Asiah
[124] Partsouf – configuration Zeir Anpin

car qui sait de quelle Shevet (tribu) il est originaire, et sa Tefilah ne montera seulement qu'à travers cette porte particulière. Mais en ce qui concerne les lois expliquées dans le Talmoud, elles sont les mêmes pour toutes les tribus.

Nouvelles chansons ou Piyoutim[125]

Le Arizal n'appréciait pas les chansons ou Piyout que les A'haronim [126] avaient écrit, mais seulement ceux des Rishonim [127] comme la Tefilah de Rabbi Akiva, Rabbi Yishma'el et Rabbi Elazar Ben'Erekh, Rabbi Elazar haKalir et autres qui ont été composés selon la voie de Emet - Kabbalah. Mais les A'haronim qui n'ont pas appris le chemin de la Kabbalah ne savent pas ce qu'ils disent, et ils font des erreurs dans l'ordre de leur discours sans cette compréhension. Il ne les disait pas du tout, en particulier Yigdal Elohim et ainsi de suite, et aussi le Vidouy nous sommes coupables en paroles et en actes... et les autres Vidouyim, comme le Vidouy de Rabbi Nisan Adantel, etc., il ne voulait pas les dire.

Un ange en charge sur les Téfilot

Il y a un ange en charge sur la Tefilah qui l'élève à des moments particuliers grâce à la puissance du Nom avec lequel Kadosh Baroukh Hu a créé les mondes. On a dit de ces anges ; Veragleihem regel yesharah - leurs pieds sont un pied droit. Comme Moshe a dit ; et je suppliai H' à ce moment-là, ce qui veut dire ; à ce moment en particulier, comme mentionné ci-dessus.

---

[125] Poèmes de liturgie
[126] Ecrivains récents
[127] Ecrivains anciens

Téfilot instituées par Abraham, Itshak et Yaacov

Nos sages ont expliqué que la Tefilah du matin est dans le secret de Arye - Lion et a été instituée par Avraham notre père, comme il est écrit ; Avraham se leva tôt le matin. La Tefilah de Min'ha est dans le secret d'un bœuf et a été instituée par Itshak, une allusion que sur le dessus de l'autel il a offert son cou pour être abattu comme un bœuf, ce qui est le secret des rigueurs. La Tefilah de Arvit est dans le secret d'un aigle qui couve ses enfants, tel que Yaacov dans l'éducation de ses fils.

Concentration et intention dans la Tefilah

L'homme qui prie tous les jours rectifie les quatre jambes du chariot. Si, à Dieu ne plaise, il n'a pas la bonne intention ou concentration, opposé à celles-ci sont les trois autres forces, elles sont ; chien, faucon et âne - Klipot[128]. Voici ce que dit le roi Shlomo ; vos yeux LeNe'H - droit devant- il avertit que quand un homme prie, il doit se concentrer pour que sa Tefilah avec Kavana soit acceptée et offerte à la place d'un Korban[129]. Il doit craindre que les trois Klipot mentionnées ci-dessus les arrachent.

Intériorité et extériorité des mondes

Dans les quatre mondes de Atsilout, Beriah, Yetsirah et Asiah, il y a deux aspects ; le premier est l'extériorité, qui est la généralité des mondes dans leur extériorité, le second est l'intériorité des mondes, ce qui est l'aspect des Neshamot. Correspondant à eux, il y a deux aspects dans la Tefilah

---

[128] Forces négatives
[129] Offrande

comme mentionné dans le Zohar [130]; le Ma'asé - action et l'ordre de la Tefilah.

Les aspects de ces deux sont divisés en quatre, pour le Ma'asé - action [131]; en premier, il doit évacuer ses besoins, puis porter le Talit, les Tefillin de la main et de la tête. Correspondant à cela les quatre parties de l'ordre de la Tefilah ; les Korbanot qui est le début de toutes les Berakhot jusqu'à Baroukh She'amar, ensuite les psaumes depuis le début de Baroukh She'amar jusqu'à la fin de Yishtaba'h, le Yotser y compris tous les Berakhot de Keriat Shema jusqu'à la Amidah et la Amidah elle-même.

Les quatre parties de l'aspect du Ma'asé – l'ordre, et les quatre parties de l'aspect de la Tefilah seront expliqués. Les quatre parties du Ma'asé sont afin de rectifier les quatre mondes de Atsilout, Beriah, Yetsirah et Asiah, dans l'aspect de leur extériorité, comme mentionné ci-dessus. Tout cela est uniquement pour rectifier leur place ci-dessous.

Les quatre parties de la Tefilah sont afin d'élever les mondes et les inclurent un dans l'autre. Mais cet aspect qui est de les faire monter n'est possible que si toutes les intériorités sont incluses et montent, ce qui est de l'aspect des Neshamot. Par la suite, leur extériorité qui est de l'aspect de l'extérieur de leur monde, monte également et est incluse avec eux.

Quatre parties du Ma'asé

Nous allons d'abord expliquer la question des quatre parties du Ma'asé, qui sont pour rectifier l'aspect des mondes dans

---

[130] Parasha Bamidbar et Vayekhel
[131] Premiers actes faits le matin

leur extériorité. Tout cela alors qu'ils sont encore à leur place. Il doit d'abord se laver les mains ; grâce à cela, il rectifie l'extériorité de Asiah et par la Berakha son encerclement. Ensuite, il doit faire ses besoins, à travers cela il rectifiera le Nefesh de Asiah et par la Berakha ; 'Asher Yatsar' qui est de l'aspect du souffle qui sort de la bouche, sera fait sa lumière encerclante.

Ensuite, avec le Talit, il rectifiera le monde de Yetsirah, avec la Berakha la lumière encerclante sera faite pour Yetsirah. Puis, à travers les Tefillin de la main, le monde de Beriah est rectifié.

Ensuite, par la Berakha des Tefillin de la main, la lumière encerclante sera faite pour Beriah. Puis, à travers les Tefillin de la tête, le Tikoun du monde de Atsilout est fait. Il se trouve maintenant que tous les mondes sont rectifiés dans l'aspect de leur extériorité, qui est l'aspect général de ces mondes, avec leur lumière encerclante.

La droite est toujours en premier

Quand un homme met ses vêtements, il doit être prudent de mettre les deux côtés des bords de son vêtement sur le côté droit et de les tenir par sa main droite. Puis il devra les mettre, le côté du bord droit du vêtement restant sur son côté droit.

Ensuite, il doit tourner le côté gauche du vêtement derrière lui à sa gauche. Il doit d'abord mettre sa main droite dans la main droite du vêtement, et après habiller sa main gauche. Il doit toujours se concentrer que tout soit contenu sur la droite, et ensuite la main droite doit donner à la gauche.

Ne pas mettre deux vêtements à la fois

On ne doit pas mettre deux vêtements ensemble comme certains le font en hiver quand il fait froid. Il faut mettre chacun séparément. Celui qui ne le fait pas amène sur lui l'oubli. La raison de ceci est que le vêtement est de l'aspect de Kedousha - sainteté. En raison des transgressions que l'homme fait, il se revêt de Klipot qui s'accrochent sur ses vêtements. Les vêtements ont un aspect de lumière encerclante de l'extérieur et il y a une lumière intérieure à l'intérieur du corps. Le vêtement couvre et encercle le corps ; donc les lumières encerclantes restent à l'extérieur sur les vêtements.

Chaque vêtement a une seule lumière encerclante et rien ne repousse les Klipot comme la lumière encerclante, car elles ne peuvent s'attacher à elle. Par conséquent, celui qui porte deux vêtements ensemble ne donne pas d'espace pour la lumière encerclante d'entrer et de passer entre les vêtements et la Klipah qui apporte l'oubli n'est pas repoussée des vêtements.

Avant d'entrer dans la synagogue

Quand on entre dans la synagogue, il faut s'arrêter un instant à la porte, ressentir la peur et la crainte d'entrer dans la maison du Seigneur et dire avant d'entrer : 'Veani Berov' Hasdekha Avo Beteikha'[132]. Aussi, avant d'entrer dans la synagogue, il faut accepter sur soi-même le commandement d'aimer son prochain comme soi-même, et de ce fait, sa prière montera avec toutes les prières de Bne Israël. Il est interdit à quelqu'un de prier quand il est triste, il devrait être

---

[132] Je, avec l'abondance de ta bonté viendra dans ta demeure

dans la plus grande joie tel un serviteur heureux de servir son maître.

Ascension de l'âme dans la nuit

Chaque homme a deux anges gardiens qui l'accompagnent, l'un à sa droite et l'autre à sa gauche. S'il est juste, l'ange à sa droite dit : faites honneur à l'image de Dieu, mais s'il est méchant, l'ange de gauche annonce qu'il se rebelle contre son Seigneur. Chaque nuit, les deux anges montent avec son âme. Quand il dort, sa Neshama monte vers trois différents mondes de rigueur. Si c'est une Neshama qui appartient à un méchant, elle est saisie par un premier groupe et lancée vers différentes directions. Si elle a du mérite, un deuxième groupe la prend, lui demande où elle souhaiterait monter et décide en conséquence si elle peut s'y rendre. Si la demande est acceptée, un troisième groupe la prend et dit : tu es venue pour apprendre et comprendre, nous savons ce que tu désires et ils commencent à lui enseigner.

Ceux qui ont le mérite qu'on leur enseigne des profonds secrets n'ont pas toujours le mérite de se rappeler ce qu'ils ont appris lorsqu'ils se réveillent. Dépendant de la Kavana qu'il a eue lors de la prière de Shahrit, il aura de l'aide durant la journée. Selon sa Kavana lors de la prière de Arvit sera son ascension la nuit.

Le Arizal disait que pour atteindre une profonde compréhension, une condition s'impose ; moins parler et éviter les conversations futiles, comme les sages ont dit : une sauvegarde à la perception est le silence.

Aime ton prochain comme toi-même

Le Arizal insistait auprès de nous tous dans le groupe, qu'avant la Tefilah de Shahrit, nous acceptions tous la Mitsva positive de Veahavta reekha kamokha - Aime ton prochain comme toi-même. D'accepter d'aimer tout le monde, comme notre propre âme, et que grâce à cela, notre prière s'unira à tous ceux qui prient et sera en mesure de s'élever pour faire le Tikoun dans les royaumes supérieurs. L'amour des 'Haverim[133] du groupe est de ressentir que chacun appartient aux membres d'un même corps. Le maître nous prévenait également d'être attentif afin que si l'un de notre groupe a des problèmes ou bien un membre de sa famille malade, de compatir à sa douleur et de prier pour lui.

---

[133] Amis, collègues

Shaar Hagilgoulim

Dans Shaar Hagilgoulim, le Arizal révèle et explique tous les secrets de la réincarnation. L'origine et les différentes réincarnations de sages reconnus, rois, prophètes, etc..

Les cinq appellations de l'âme

Il y a cinq appellations de l'âme, leurs noms sont de bas en haut : Nefesh, Rouah, Neshama, 'Haya et Yehida, ces noms ne sont pas seulement par coïncidence. Sachez que l'individu se trouve à être la composante spirituelle dans un corps physique, alors que le corps n'est uniquement que son accoutrement et non l'individu lui-même. Comme il est écrit : on n'en répandra point sur le corps d'un homme... (Ex 30:32), et aussi mentionné dans le Zohar, Parachat Bereshit, 20 b.

L'origine des âmes

Toutes les âmes se trouvaient d'abord dans Adam Harishon. Quand il fauta, la plupart descendirent dans les écorces inférieures. Toutes les étincelles de son Nefesh, Rouah et Neshama furent endommagées, tombèrent et se mélangèrent à ces Klipot[134]. Ces âmes se libèrent de ces écorces et se réincarnent selon nos Mitsvot et Téfilot. Le corps de l'homme se compose de plusieurs étincelles dans ses 248 membres et 365 tendons, de plusieurs étincelles dans sa tête, ses yeux et toutes ses autres parties et de même dans son Nefesh, Rouah et Neshama. C'est le secret qui est écrit dans le Sefer haTikounim dans l'introduction du verset : tel un oiseau fugitif, loin de son nid. Comme la Shekhina qui est exilée parmi les Klipot, ainsi les Tsadikim s'exileront avec elle génération après génération. Selon l'aspect des étincelles, ils ont été exilés à l'endroit qui leur était destiné parmi les Klipot, face à face, yeux dans les yeux et ainsi de suite. Ceci est le secret de l'exil des Neshamot dont il est fait mention.

---

[134] Ecorces négatives

D'autres âmes proviennent de ses fils Caïn et Abel. Ils ont également péché, mais d'un péché différent de celui d'Adam leur père. En conséquence, leurs étincelles aussi descendirent dans les profondeurs des Klipot. En effet, à chaque génération, quelques étincelles sortent et se réincarnent dans ce monde selon l'aspect des Neshamot de la génération en question, soit à partir des étincelles de la tête, des yeux ou autres et sont corrigées dans ce monde.

Acquisition des différents niveaux de l'âme

Puisque l'homme est associé aux quatre mondes d'Asiah, Yetsirah, Beriah et Atsilout, des parties de tous ces quatre mondes doivent exister en lui et chacune est nommée selon les cinq noms de Nefesh, Rouah, Neshama, Haya ou Yehida. En une seule réincarnation, il ne reçoit pas tous ces cinq niveaux en même temps. Ils ne seront acquis qu'en fonction de son mérite. En premier, il obtient le niveau le plus bas, appelé Nefesh. Par la suite, s'il le mérite, il obtiendra aussi celui de Rouah. Ceci est abordé dans de nombreux passages du Zohar, tels que dans la Parachat Vayehi, Terouma et Mishpatim (Zohar 94b) : Venez voir, lorsqu'un individu est né, il reçoit un Nefesh...

Toutes les Nefashot proviennent du monde de Asiah, les Rouhot du monde de Yetsirah et Neshamot du monde de Beriah. Cependant, la plupart n'obtiennent pas tous les cinq niveaux, mais uniquement le niveau de Nefesh d'Asiah. Même pour Nefesh, il existe plusieurs niveaux, car Asiah se divise aussi en cinq Partsoufim appelés Arikh Anpin, Abah, Imah, Zeir Anpin et Noukvah.

Avant qu'un homme ne puisse mériter d'obtenir son niveau de Rouah du monde de Yetsirah, il doit d'abord être parfait dans l'ensemble des 5 niveaux des Partsoufim de Nefesh d'Asiah et ainsi de suite. Puisqu'il existe des individus dont le Nefesh provient de Malkhout d'Asiah, et d'autres qui proviennent de Yesod d'Asiah, etc.... Chacun doit d'abord, corriger tous ses niveaux d'Asiah avant de recevoir ses niveaux de Roua'h de Yetsirah. De même, afin qu'il obtienne ses niveaux de Neshama de Beriah, une personne doit rectifier toutes les parties de son Roua'h dans tout Yetsirah, suite à quoi il obtiendra sa Neshama du monde de Beriah.

Tikoun d'une âme

Sachez que quand l'âme d'un homme arrive la toute première fois et est endommagée à cause de ses péchés, elle se réincarnera dans un autre corps pour se corriger, ce qu'on appelle un premier Gilgoul[135]. Et si elle ne se corrige pas, elle reviendra alors pour un deuxième Gilgoul.

Si de nouveau, elle ne se corrige pas, elle reviendra pour un troisième Gilgoul et si elle n'avance pas dans le processus de son Tikoun[136], à partir de ce moment-là, il n'y aura plus d'autre correction dans un Gilgoul, tel qu'il est dit à ce sujet : et ce Nefesh sera totalement ôté de sa nation. En effet, cela ne se produit que lorsqu'aucun Tikoun ne s'est réalisé durant ces trois reprises (où il se réincarne), mais si durant ces trois reprises, il commence à se corriger, il ne sera pas éliminé et sera en mesure de retourner pour se corriger, même pour mille générations, si nécessaire.

---

[135] Réincarnation
[136] Rectification

Le juste qui s'engage dans la Torah n'est pas jugé au Gehinom[137]. Ses fautes doivent être nettoyées afin qu'il puisse entrer dans le Gan Eden. Ainsi, il n'aura pas d'autre Tikoun sauf dans le Gilgoul, puisque tous ses péchés ne sont pas expiés par des souffrances durant sa vie. Puisqu'un Gilgoul est requis pour effectuer une correction, il se réincarnera s'il le faut à plusieurs reprises, afin d'expier et corriger ses fautes. Les justes dont les fautes sont inférieures à leurs mérites, sont blanchis de toutes les souffrances encourues dans les Gilgoulim et ses nombreux mérites lui sont rajoutés à chaque Gilgoul, et ce, à l'infini. Sa récompense est immense, tel que cela a été écrit par nos sages : Kadosh Baroukh Hou veut donner du mérite à Israël, et pour cette raison, Il leur a donné tant de Torah et de Mitsvot.

Il se réincarnera, même à plusieurs reprises

S'il ne corrige pas entièrement son Nefesh la première fois et quitte ce monde, il faudra alors que ce Nefesh revienne dans un Gilgoul, même à plusieurs reprises, jusqu'à ce que tout ce qui est requis de lui soit complètement épuré. Lorsque la correction de son Nefesh est terminée, son Roua'h n'entre pas en lui dans cette même réincarnation, puisque le Nefesh n'a été corrigé que dans le Gilgoul actuel[138]. Par conséquent, il est nécessaire qu'il quitte ce monde, et quand son Nefesh reviendra pour se réincarner, c'est à ce moment qu'il sera digne d'obtenir son niveau de Roua'h. Et si le Roua'h est alors corrigé durant cette réincarnation, il faudra qu'il quitte ce

---

[137] Purgatoire
[138] Ne peut arriver que par exception

monde, et par la suite, lorsqu'il sera de nouveau réincarné, la Neshama entrera aussi en lui.

Si le Roua'h n'est pas corrigé, le Nefesh simultanément avec le Roua'h devront se réincarner plusieurs fois, jusqu'à ce que le Rouah soit corrigé. Alors l'homme mourra pour se réincarner avec les trois niveaux de Nefesh, Roua'h et Neshama, jusqu'à ce que les trois soient corrigés. Lorsque la Neshama sera aussi corrigée, il deviendra un homme parfait et n'aura pas plus besoin de se réincarner.

Il est important de savoir que lorsque le Nefesh est corrigé et revient par la suite pour se réincarner afin d'obtenir son Roua'h et ainsi le corriger aussi, si dans ce Gilgoul même cet homme pèche, ceci n'altérera pas son Nefesh, mais uniquement son Roua'h. Par conséquent, d'autres réincarnations lui seront nécessaires pour corriger son Roua'h, et pour cette raison, le Nefesh et le Roua'h se réincarneront ensemble jusqu'à ce que le Tikoun du Roua'h devienne parfait.

Il arrivera des fois que le Nefesh soit complètement corrigé et n'ait pas à revenir pour se réincarner avec le Roua'h pour le Tikoun du Roua'h.

Le Nefesh demeurera en haut dans son endroit approprié et seul le Roua'h descendra dans cette réincarnation pour se corriger. Mais, comme il ne peut pas venir sans être vêtu d'un Nefesh, il se vêtira dans le Nefesh d'un converti, tel que mentionné dans le Zohar, section Mishpatim. Tous les deux se réincarneront ensemble jusqu'à tant que le Roua'h soit corrigé, puis il quittera ce monde. Par la suite, le premier Nefesh s'attachera de nouveau à lui, et les deux niveaux de

Nefesh et Roua'h se réincarneront ensemble afin d'obtenir leur Neshama. De même, le Roua'h viendra parfois seul dans un Gilgoul avec la Neshama, jusqu'à ce que la Neshama soit corrigée, et c'est ainsi que cet homme n'aura plus besoin de se réincarner.

L'âme d'un converti

Sachez que le Nefesh du converti, vu qu'il a été attaché dans ce monde à ce Roua'h pour l'aider à se corriger, s'élèvera également avec le premier Nefesh de ce Roua'h et les deux seront sur un même niveau dans le monde à venir, liés ensemble et non séparés.

Ibour - Attachement d'une âme

Selon les niveaux de purification et le degré de Tikoun de cette âme, l'âme d'un Tsadik, qui a déjà fini d'être corrigée et réincarnée et qui n'a plus besoin d'une autre réincarnation, se réincarnera dans le corps de cet homme en tant que niveau de Roua'h pour son Nefesh. Parfois, il est possible que de très anciennes âmes se réincarnent de cette façon, allant même jusqu'à l'époque d'Avraham Avinou, selon le Tikoun et la purification de l'âme de cet homme. Cet état, qui est une incarnation durant la vie, est appelé par les sages : le secret de l'Ibour – l'attachement. C'est la différence entre le Gilgoul et l'Ibour - la réincarnation et l'attachement.

Parfois, il est possible qu'un Roua'h s'attache à lui, provenant d'un Tsadik qui remonte aux premiers Tsadikim, même à une époque aussi récente que la nôtre. Tout est en fonction de la valeur des Mitsvot que cet homme fait, car il y a des Mitsvot qui possèdent le pouvoir d'attirer le Nefesh où le Roua'h d'un Tsadik dans le secret de l'Ibour.

134

Il est possible aussi que, parfois, une âme d'un Tsadik s'attache à lui, et que plus tard, il méritera que l'âme d'un autre Tsadik, plus important que le premier s'attache aussi à lui. En dehors de son propre Nefesh, le Nefesh du Tsadik qui en premier lieu s'est attaché à lui deviendra son niveau de Roua'h, le deuxième Nefesh du Tsadik plus éminent que le premier et qui s'est attaché à lui par la suite, deviendra l'aspect de sa Neshama. Ceci est le secret de ce qui est écrit dans les Midrashim, en particulier dans le Midrash de Shemuel : Il n'existera pas de génération qui ne possédera pas une personne tel qu'Avraham Avinou, Itshak, Yaacov, Moshe ou Shemuel et ainsi de suite.

Le principe est que, selon la valeur du Tikoun et la purification du Nefesh d'un homme, il méritera d'obtenir une Neshama parmi les Neshamot de nos prédécesseurs, jusqu'au plus illustre de tous.

Il est également possible que si ses trois niveaux de Nefesh, Roua'h et Neshama sont corrigés, et qu'un Nefesh ou Roua'h d'un Tsadik s'attache à lui, lorsqu'il quittera ce monde, il sera en mesure de s'élever en fonction du niveau de ce Tsadik qui s'est attaché à lui, et là-bas, dans le monde à venir, les deux seront sur un même degré et même niveau. Ceci est le secret de ce qui est écrit dans l'introduction de Bereshit dans le Zohar page 7 b, à l'effet que Rabbi Shimhon Bar Yo'hay tomba sur sa face et vit Rabbi Memune Sava dire que dans ce monde là-haut, ils reposeront l'un à côté de l'autre.

Le Tsadik qui s'est attaché à lui est tout autant gratifié. Puisqu'il l'a aidé à faire des Mitsvot pour compléter son Tikoun, il obtiendra aussi une partie de ses Mitsvot. Ceci est le secret de ce qui est écrit : glorieux sont les Tsadikim qui, même après leur mort, obtiennent le droit aux enfants, etc.... Et ce Tsadik, vu qu'il donne du mérite à cet homme, il est comme un père pour lui, le guide et l'aide. Toutefois, si cet homme agit méchamment, il n'y aura pas de punition ou de perte pour ce Tsadik, parce qu'il n'est attaché à lui que dans le but de lui faire du bien et non pour le nuire. De plus, si cet homme agit négativement et abîme ce qu'il a réparé, alors ce Tsadik partira et se détachera de lui.

Correction de tous les niveaux de l'âme

Il ne lui suffit pas de corriger seulement le niveau précis dans lequel la racine de son âme réside. Il devra plutôt corriger tous les niveaux d'Asiah et ensuite obtenir son Roua'h du monde de Yetsirah, et ainsi de suite pour tous les mondes. S'il a causé des dommages à un certain endroit d'Asiah, même si ce n'est pas où sa Neshama est attachée, il doit réparer cet endroit.

Il y a plusieurs raisons pour lesquelles les âmes se réincarnent. Il y a celles qui se réincarnent en raison des péchés qu'ils ont fait dans leur vie précédente, ou bien à cause d'une Mitsva qu'ils ne pouvaient pas accomplir, tels que le fait d'avoir des enfants ou de se marier, ou parce qu'ils ont transgressé à un certain commandement de la Torah et reviennent pour le corriger, ou tout simplement pour aider les autres, les guider et les corriger.

Quelqu'un qui s'est réincarné pour se corriger, mais n'était pas vigilant face au péché, revient et se retrouve immerger de nouveau comme au début dans les Klipot, ainsi que toutes les étincelles qui émanent et dépendent de lui.

But de la réincarnation

Quand une âme se réincarne dans ce monde, le but de cette réincarnation est de corriger ses propres parties endommagées. La récompense et punition résulteront de ces différentes parties endommagées dans le corps précédent qui sont venues pour se rectifier. Cette âme va maintenant subir les supplices et les châtiments que subira ce corps dans cette vie, en dehors de ce qu'elle a déjà subi dans ses corps précédents. Elle a enduré les douleurs d'une mort antérieure et souffrira encore pour cette prochaine mort. Tout cela contribuera à l'expiation de ses péchés antérieurs. Grâce aux Mitsvot qu'elle a faites dans ses réincarnations précédentes et s'il elle effectue toutes celles qu'elle est appelée à faire maintenant, ses Tikounim seront complétés.

Les différentes parties de la Techouva

Nous allons maintenant expliquer les différentes parties de la Techouva nécessaires à l'homme, et à travers cela, on pourra mieux comprendre ce sujet. Il existe différentes parties à la Techouva, dont l'une est que pour celui qui a le niveau de Nefesh du monde d'Asiah, lorsqu'il pèche, il provoque la séparation d'Asiah de Yetsirah à un endroit précis où se trouve la racine de son âme. En conséquence, sa Techouva est de faire le Tikoun nécessaire qui rattacherait Asiah à Yetsirah à cet endroit spécifique de la racine de son âme. De même, celui qui a le niveau de Roua'h de Yetsirah et pèche, il devra rattacher Yetsirah à Beria à ce point spécifique de sa racine. Et celui qui a le niveau de Neshama de Beriah doit rattacher Beriah à Atsilout à cet endroit spécifique de sa racine. Ce sont-là les trois parties inférieures de la Techouva, car elles se trouvent dans les mondes de Beriah, Yetsirah et Asiah.

Selon le niveau de l'âme d'un homme s'ensuivront la force et l'essence des dégâts de son péché. Pour celui dont l'âme provient de Malkhout d'Atsilout, ses dégâts s'élèveront là-haut et endommageront la partie de sa racine qui se trouve à cet endroit, et de même pour la balance des autres dimensions.

Âme-sœur

Il peut aussi se réincarner et épouser son âme-sœur, parce qu'il ne méritait pas d'être avec elle avant cela. Ou bien qu'il a épousé son âme-sœur, mais a transgressé des commandements de la Torah et s'est réincarné pour réparer sa faute et ainsi, il est venu sans elle. S'il a des mérites, même si elle n'a pas besoin de se réincarner, son épouse pourrait venir avec lui.

Il se peut également qu'il n'ait pas mérité d'avoir son âme-sœur, qu'une autre lui ait été attribuée qui se trouve à être la plus proche de son âme, même si elle n'est pas son âme-sœur, lorsqu'il se réincarnera, elle viendra aussi avec lui malgré qu'elle n'a pas besoin de se réincarner.

Sachez qu'il existe plusieurs racines d'âmes prises au piège des forces négatives. La réincarnation s'applique aux hommes et non aux femmes. L'un des motifs est que les femmes, pour diverses raisons, peuvent entrer dans le purgatoire de Gehinom plus rapidement pour se purifier de leurs péchés. Même si en général elles ne se réincarnent pas, elles peuvent quand même venir en tant qu'un Ibour pour s'attacher à une autre âme. Si une âme féminine s'attache à une autre femme et que celle-ci devient enceinte, l'âme attachée pourra alors se réincarner dans le nouveau-né. Il est également possible pour un homme de se réincarner en femme, à cause d'un péché en particulier, tel que l'homosexualité. Cette femme ne pourra pas devenir enceinte. Toutefois, si exceptionnellement elle le mérite, une autre âme féminine s'attachera à elle et elle pourra être enceinte. Quand elle donnera naissance à une fille, l'âme attachée se réincarnera dans le nouveau-né. Qu'un homme marie ou non son âme-sœur, il pourra engendrer des enfants qui proviennent de la racine de son âme ou de la racine d'autres personnes. Un père donne une partie de son âme à ses enfants, et cette partie devient comme un habit pour l'âme de l'enfant afin de l'aider et de le guider dans le droit chemin. Ce lien peut également exister entre un maître et ses élèves. Plus encore, quand un père enseigne la Torah à son fils, il y a un double lien ; père-fils, maître-élève.

Sachez que lorsqu'on mentionne que l'âme d'une personne se réincarne dans cette personne en particulier, puis par la suite à de nombreuses autres, cela ne signifie pas que cette âme en entier s'est réincarnée en même temps dans chacune des autres personnes. Il se pourrait que ce soit des parties d'étincelles de cette âme dont la correction ou le Tikoun étaient nécessaires séparément.

Accomplissement des Mitsvot

Un homme doit accomplir toutes les 613 Mitsvot de la Torah en action, en paroles et en pensée. S'il n'a pas la possibilité de faire une Mitsva en particulier, il peut toutefois l'accomplir en étudiant les détails et les lois qui s'y rattachent, il accomplit ainsi cette Mitsva en parole et en pensée. S'il ne le fait pas, il se réincarnera, tel que requis, pour l'accomplir.

Sachez que lorsqu'un homme s'applique à faire des Mitsvot, mais uniquement sur un plan physique, ceci signifie qu'il ne souhaite que de les accomplir et rien de plus. Il ressemble ainsi à une femme dont le mari est parti pour un autre pays et l'a laissée seule sans nourriture. Mais si cet homme fait plus d'efforts et étudie la Torah, et par elle s'instruit sur le sens de ses actions, alors il méritera aussi les niveaux les plus élevés de son âme.

L'apprentissage de la Torah

Si un homme accomplit seulement les actes physiques des Mitsvot, il méritera le niveau de Nefesh et rien de plus. S'il n'étudie pas la Torah selon ses quatre niveaux de compréhension, soit : la signification simple, l'allusion, l'homilétique et le secret, il reviendra étudier le niveau supérieur de compréhension qui lui manque. S'il étudie aussi la Torah, il méritera le niveau de Roua'h. S'il met encore plus d'efforts et comprend non seulement ce qu'il fait, mais étudie aussi les secrets de la Torah et la signification profonde des choses qu'il accomplit, alors il méritera aussi le niveau de Neshama, qui provient du monde de Beriah. Cette Neshama brillera à l'intérieur de son niveau de Rouah, et ajoutera à son âme des niveaux plus élevés. Il deviendra alors un homme complet, tel qu'il est écrit : Et Dieu créa l'homme selon Son image.

Se réincarner dans une pierre ou dans un végétal

Souvent, lorsque Rabbi Haim Vital se promenait avec le Ari dans les champs, ce dernier lui disait que tel homme, fils de tel homme était un érudit et à cause de tel péché en particulier, a été réincarné dans cette pierre ou ce végétal. Lorsque par la suite nous avions effectué une recherche, cette information s'est avérée véridique, même si le Ari n'a jamais connu cet homme. Parfois, il regardait de très loin un cimetière et disait qu'une certaine âme était assise sur une tombe, et que c'était l'âme de cet homme qui porte tel nom et qui a été puni par cette punition précise pour ce péché en particulier, et lorsque nous nous sommes renseignés là-dessus, ce qu'il avait dit s'est avéré exact.

Shaar HaKavanot

Dans cette oeuvre, le Arizal explique les secrets de la prière, les systèmes de Kavanot - intentions et concentration pour élever les prières et les Mitsvot dans le but d'accomplir les différents Zivouguim [139] ou Yihoudim [140]. La participation et l'aide aux différents Tikounim [141], pour parvenir à un déversement d'abondance et d'harmonie dans le monde.

---

[139] Unions des énergies supérieures
[140] Unions des noms saints
[141] Actions - rectifications

Les différences dans les coutumes de la Tefilah[142]

Dans la plupart des coutumes, il y a de nombreux contrastes et variations dans le style des Téfilot. En dehors de l'ajout des Pizmonim[143] et Piyoutim dans les Téfilot, dans la formulation des Berakhot et même les Téfilot, il y a des variations de l'ordre entre les coutumes des Séfarades, Ashkénazes, Catalans et ainsi de suite.

A ce sujet, le Arizal dit que dans le firmament, il y a 12 fenêtres correspondant aux 12 tribus. La prière de chaque tribu passe par une porte qui lui est unique, ceci est le secret des 12 portes mentionnées à la fin de Ye'hezkiel[144].

Il ne fait aucun doute que si les Téfilot de toutes les tribus étaient identiques, il n'y aurait pas eu de nécessité pour douze fenêtres et portes. En conséquence, chaque porte a en soi, son propre mode et puisque leurs Téfilot sont différentes, des portes particulières sont nécessaires pour chaque tribu, conforme à la racine et à la source des âmes de cette tribu.

Pour cette raison, il convient à chacun de maintenir sa coutume dans l'ordre de la Tefilah telle que celles de ses pères, car personne ne sait qui appartient à telle ou telle tribu. Puisque ses ancêtres ont conservé cette coutume, peut-être qu'il appartient à la tribu à laquelle cette coutume convient, et s'il l'annule, sa Tefilah ne s'élèvera pas, puisqu'elle n'est pas conforme à cet ordre. Il est nécessaire que vous sachiez que ceci ne s'applique que lorsqu'une formulation est différente au milieu de la Tefilah et ainsi de suite, par exemple de ramener

---

[142] Cet important concept est mentionné encore ici
[143] Chansons
[144] Le prophète

Hodu avant ou après Baroukh She'amar, et ainsi de suite. Mais pour ce qui est établi selon un ordre distinct dans le Talmoud, dans ce cas, ce sujet qui est le même pour tous est valable pour toutes les tribus.

Prier à partir du Sidour, sauf pour la Amida

Le Arizal lisait tous les psaumes, les Korbanot et le Keriat Shema à partir du Sidour[145] dans sa main, mais à la Amidah, il fermait les yeux et le disait par coeur. Même lors de la répétition de la Amida, il fermait les yeux, écoutait et se concentrait sur les mots du Shalia'h Tsibour[146].

Prière des pauvres

Sachez que toutes les prières sont dans le monde d'Asiah (action) dans le secret de la Tefilah Leani - la prière des pauvres, qui est en fait la Malkhout priant pour ses besoins à Zeir Anpin, tel qu'évoqué dans VeAni Tefilah (je suis la Tefilah). Voilà pourquoi chaque fois que le mot Tefilah est utilisé dans la Torah, cela est comme Shefikhat Nefesh (déversement de l'âme) tel qu'il est écrit : je déverserais mon âme à Hachem. C'est le niveau de Malkhout de Atsilout (Émanation), ou le monde d'Asiah qui est appelé Nefesh.

Avant la génération du déluge et de la construction de la tour, Dieu déversait des âmes très saintes en abondance. La génération du déluge causa un tel dommage que Dieu décida de les éliminer afin de purifier les nouvelles générations de Noé et de ses descendants. Dans la génération de la Tour, il y avait aussi une multitude d'âmes très saintes, jusqu'à tant

---

[145] Livre de prières
[146] Hazan - cantor

qu'elles pèchent lors de la construction de la Tour. Dieu les divisa sous l'autorité de 70 gouverneurs et choisi Israël pour lui-même comme il est écrit : Le lot de Hachem est son peuple.

Prier avec joie

Il est interdit de prier avec tristesse, et s'il le fait, son âme ne peut recevoir la lumière supérieure qui lui est émanée lorsqu'il prie. Quand il fait le Vidouy[147], ce n'est seulement qu'à ce moment que l'on peut être triste. Mais pour le reste de la Tefilah, s'il est triste, il pourrait s'attirer une punition. Cependant, il est important de se présenter devant le Seigneur avec crainte, admiration et humilité, mais avec une grande joie tel un serviteur servant son maître avec un grand plaisir. S'il sert le Seigneur avec tristesse, son service lui sera répugnant. L'atteinte de niveaux plus élevés et Roua'h Hakodesh [148] dépendent de cela lors de la prière ou l'accomplissement d'autres Mitsvot.

Avant de commencer à prier à la synagogue, à partir de la Parasha du sacrifice d'Itshak, il est nécessaire d'accepter de prendre sur soi le commandement d'aimer son prochain comme soi-même et d'avoir l'intention d'aimer tout le monde comme notre propre âme. Ce faisant, nos prières seront incluses dans toutes les Téfilot d'Israël et s'élèveront là-haut afin de parvenir à un résultat.

En ce qui concerne l'amour pour les amis avec qui l'on étudie la Torah, chacun doit comprendre et sentir qu'il fait partie d'un

---

[147] Confession
[148] Inspiration divine

seul corps. Si l'un est affligé, le reste doit ressentir sa peine, que la cause soit une maladie ou autre et prier pour lui.

S'arrêter à l'entrée de la synagogue

En arrivant à la synagogue, il faut s'arrêter à l'entrée pour un moment et ressentir la peur et la crainte avant d'entrer dans le palais du roi. Cela permet à l'homme d'atteindre la plénitude et la compréhension.

Raison et but de la prière

Au début de la journée, il est nécessaire d'effectuer d'abord le Tikoun des quatre mondes de ABYA et de détacher les Klipot[149] qui s'attachent à eux la nuit, en accomplissant les Mitsvot. Durant le jour, les Klipot ne peuvent pas dominer. Dans un premier temps, on fait la Netilat Yadayim[150], les Berakhot du matin, le port du Talit Katan, Talit Gadol et les Tefillin.

Au début de la Tefilah, on se trouve dans le Olam de Asiah jusqu'a Baroukh Sheamar, puis dans le Olam Hayetsira jusqu'au Yotser Or, dans le Olam Haberiah jusqu'à la Amida et par la suite dans le Olam Atsilout.

Sachez que la raison pour laquelle nous prions est dans le but d'unir les configurations masculines et féminines. Lorsque le Beit Hamikdach a été construit, leurs Mohin – forces dirigeantes – se trouvaient toujours en elles, mais après sa destruction, elles se sont détachées pour ne revenir qu'à certaines occasions, selon le temps et les prières.

---

[149] Forces négatives
[150] Lavement rituel des mains

Dans les différentes parties de la Tefilah, il existe un système d'ascension qui permet à ces configurations de récupérer leur Mohin – énergies conductrices - à se compléter et à s'unir durant la Amida. L'objectif de ces unions est de créer de nouvelles âmes et l'abondance qui descendra à la création. Sans ces unions, il n'y a aucune possibilité de recevoir cette abondance.

En ce qui concerne la lecture du Shema et des Téfilot que nous effectuons trois fois par jour ; matin, après-midi et soir, durant la semaine, le Shabbat et les jours fériés, sachez qu'il y a une nette différence entre les Téfilot de la semaine et celles du Shabbat, Roch Hodech, Yom Tov et Hol Hamoed. De plus, celles des différentes fêtes comme Pessah ne sont pas comme celles de Soucot, ni Shavouot, etc. Même pour les Téfilot quotidiennes, que ce soit le matin, l'après-midi ou le soir, chacune a un but pour ce jour en particulier et non pas pour le jour suivant. Il n'existe aucune Tefilah depuis la création du monde jusqu'à la fin des jours qui soit identique à une autre Tefilah ; chacune est unique par rapport à son objectif et son temps.

Pour élever les étincelles

Le but de chaque Tefilah est d'élever les étincelles divines qui ont chutées vers les dimensions inférieures lors de la création et qui n'ont jamais été remontées antérieurement. C'est la raison pour laquelle il est si important pour nous de faire toutes les différentes Téfilot puisque chacune doit accomplir un objectif unique pour le Tikoun et l'élévation de ces étincelles divines. Les étincelles purifiées montent de bas en haut à chaque prière. En conséquence, le Zivoug est plus élevé et nous les aidons à l'obtention de leurs Mohin. Telle est la raison de ce devoir important qui nous incombe à prier chaque jour et chaque heure, sachant que dans chaque prière, apparaissent des éléments nouveaux qui ne sont jamais apparus dans aucune autre prière, sauf celle-là. De même pour la lecture du Shema, le but de chaque lecture est unique et se distingue par rapport à la lecture suivante.

Cette différence dans le but se trouve dans le temps, mais les Kavanot principales de chaque type de prière comme celles de la semaine, du Shabbat ou des fêtes sont en général les mêmes.

Dans chaque Tefilah, nous élevons certains niveaux des mondes et nous les relions au monde supérieur. L'ascension des niveaux complets jusqu'au monde d'Atsilout se réalisera à la venue du Mashiah. Pour chaque Tefilah, il existe des différents types de Zivouguim (unions) des Partsoufim (configurations). Ces Zivouguim produisent des flux d'énergie qui descendent vers nous.

Sachez aussi que dans toutes nos prières, nous élevons les mondes supérieurs et les joignons les uns aux autres, tel que mentionné dans le passage de Bereshit concernant les Hekhalot (niveaux) et aussi dans la Parasha de Pekoudei.

L'ordre des prières

En ce qui a trait à la différence dans les trois prières de Shahrit, Min'ha et Arvit, sachez que durant la semaine, la configuration féminine Rahel s'élève à Hod et Yaacov descend à Netsah. Ils s'unissent ensemble durant la Amida et par la suite, lors de la répétition de la Amida oralement (et non en silence), Hesed et Gevourah éclairent ou illuminent en eux alors qu'ils se trouvent dans Netsah et Hod. Avec la répétition de la Amida, nous joignons les deux au moyen du Yesod et c'est le secret des Amen que nous prononçons après les Berakhot lors de la répétition de la Amida. C'est ainsi dans toutes les trois prières, cependant il y a une différence entre les trois. Dans la prière de Shahrit, nous nous élevons jusqu'à l'intériorité de Netsah et Hod de Z'A. Dans Min'ha, jusqu'à leur niveau intermédiaire, et dans Arvit dans leur extériorité.

En ce qui concerne l'ordre de la prière de l'aube durant la semaine, nous devons d'abord dans un premier temps, corriger les quatre mondes d'Atsilout, Beriah, Yetsirah et Asiah au moyen de Mitsvot physiques que nous effectuons dans ce monde. La Kavana - l'intention de ce Tikoun est de les corriger à même leur endroit, de sorte que la Klipah qui les entoure et s'attache à eux durant la nuit, puisse se séparer d'eux étant donné qu'il fait jour, et que maintenant la Klipah ne domine pas.

Le Tikoun des quatre mondes à travers les quatre Mitsvot

Tel que mentionné précédemment, il est nécessaire de corriger les quatre mondes d'ABYA à travers les Mitsvot physiques que nous effectuons dans ce monde.

Dans un premier temps, il lève les mains le matin et se concentre que grâce à cela, la Klipah des trois dernières Sephirot du monde d'Asiah se détache d'elles dans l'aspect de l'extériorité. Les trois dernières d'Asiah sont rectifiées dans l'aspect de la lumière intérieure, à partir de l'aspect de l'extériorité et de l'intériorité qui se trouve en elles. Et à travers les Berakhot de Netilat Yadayim lorsqu'on lève les mains et Asher Yatsar lorsqu'on va aux toilettes, la lumière qui les entoure est rectifiée dans l'aspect de leur intériorité et extériorité. Chaque Mitsva qui se fait par la parole est de l'aspect de la lumière encerclante. Ainsi, les trois dernières d'Asiah sont corrigées à leur lieu respectif dans l'aspect de leur extériorité et intériorité à travers les deux actions mentionnées.

Ensuite, par les deux Talitot, le petit et le grand Talit, se fait les deux Tikounim pour les trois dernières du monde de Yetsirah, puisque le secret du Talit est en Metatro-n qui se trouve dans Yetsirah, tel que mentionné dans Parachat Pin'has, page 236 b. Pour cette raison, le petit Talit est porté sous le vêtement, et non comme ceux qui le portent sur le vêtement, ceci est une erreur. Le grand Talit correspond à l'extériorité, et c'est la raison pour laquelle il est porté par-dessus les vêtements.

L'intériorité de Yetsirah n'est pas une intériorité complète comme celle d'Asiah qui se trouve vraiment à l'intérieur du corps, dans le secret de Yefaneh puisqu'il n'y a pas de prise de Klipah en Yetsirah, à l'instar d'Asiah. Par la suite, par le biais de leurs deux Berakhot, la lumière qui les entoure est rectifiée. Notez que pendant qu'ils se trouvent dans le monde d'Asiah, seules les trois inférieures sont corrigées. Mais, vu qu'à présent les trois premières de Yetsirah ont été corrigées, toutes les dix Sephirot en Asiah, qui se trouvent au-dessous des trois inférieures de Yetsirah sont rectifiées. En effet, elles ne sont rectifiées que sous la forme de l'extériorité. Il se trouve maintenant que les trois dernières de Yetsirah ont été rectifiées dans l'aspect de l'intériorité et de l'extériorité. Les sept supérieures d'Asiah dans l'aspect de l'extériorité seulement, et les trois inférieures d'Asiah dans l'aspect de l'intériorité et de l'extériorité.

Par la suite, par le biais des Tefillin de la main, les trois inférieures de Beriah sont rectifiées, et par la Berakha, la lumière qui les encercle est rectifiée, cela uniquement dans l'aspect de l'extériorité, puisque pour l'aspect de leur intériorité, il n'est pas nécessaire de faire un Tikoun additionnel de la manière décrite dans Yetsirah et Asiah. La raison est que la Klipah ne s'attache pas à l'intériorité de Beriah, mais seulement à son extériorité, et non dans le monde d'Atsilout. Comme nous le savons, dans Beriah, le mal et le bien ne cohabitent pas ensemble.

Lorsque les trois dernières de Beriah sont rectifiées, l'extériorité des sept supérieures de Yetsirah, qui se trouvent sous les trois inférieures de Beriah sont rectifiées, ainsi que l'intériorité des sept supérieures d'Asiah.

Par la suite, par le biais des Tefillin de la tête, les trois dernières d'Atsilout sont corrigées dans l'aspect de leur extériorité, mais seulement dans le secret de leur lumière intérieure. Pour les Tefillin de la tête, il n'est pas nécessaire de faire une bénédiction, puisque la lumière qui les encercle a été créée par elle-même et par nous.

Le secret de l'abondance qui descend grâce aux paroles de la Tefilah

Notez que jusqu'à présent, à travers les actions, les mondes ont été rectifiés à leur endroit respectif et les Klipot se sont détachées d'eux. Pour qu'ensuite grâce aux paroles de la Tefilah, nous puissions élever un monde à celui au-dessus et les unir afin qu'ils s'élèvent ensemble. Commençons par expliquer l'ordre de leur ascension. Remarquez que par les 18 bénédictions du matin, à partir de celle du lavage des mains, jusqu'à la Parachat HaTamid, nous amenons une grande abondance et une forte illumination aux trois premières Séphirot d'Asiah, de sorte que leur extériorité s'élève et prenne l'aspect de l'intériorité, tel que décrit plus haut. Dans chaque monde, il y a deux aspects de l'extériorité et deux de l'intériorité qui sont les Neshamot qui se trouvent en eux. Grâce à ces Berakhot de l'intériorité, l'extériorité est bénie et reçoit une forte illumination et retourne dans l'aspect de l'intériorité.

Ensuite, à travers la Parachat Korban HaTamid, nous élevons l'intériorité des trois premières Sephirot d'Asiah qui deviennent l'aspect extérieur pour les trois Séphirot inférieures de Yetsirah. Ceci est le secret du Korban HaTamid, qui est de déplacer le bas vers le haut et de l'élever jusqu'à ce point-là. À travers le Korban HaTamid [151], l'intériorité des trois premières d'Asiah s'élève et devient l'extériorité des trois dernières de Yetsirah, puis l'intériorité des trois dernières de Yetsirah s'élève aussi et demeure leur extériorité par le secret de l'intériorité.

Grâce aux Korbanot, les mondes s'élèvent et se joignent les uns aux autres, niveau par-dessus niveau, jusqu'au Ein Sof. Ainsi, on constate clairement à partir de ce qui a été dit plus haut, que les mondes qui sont l'aspect de l'extériorité ne

---

[151] Offrande journalière

s'élèvent pas du tout. En effet, ils demeurent à leur place et reviennent sous forme de l'intériorité.

Le secret de la Tefilah correspondant aux quatre mondes

Nous allons maintenant expliquer les particularités que l'on retrouve dans l'ordre de la Tefilat HaSha'har[152]. Sachez que du début de la Tefilah jusqu'à Baroukh She'amar, on se trouve dans le monde d'Asiah et à partir de Baroukh She'amar jusqu'à Yotser Or, c'est le monde de Yetsirah, et de Yotser Or jusqu'à la fin de Birkat Avot, c'est le monde de Beriah, et pour le reste de la Amidah, on est dans le monde de Atsilout.

L'ordre d'Asiah est de bas en haut, afin d'unir Asiah à Yetsirah, car de vigoureuses Klipot se trouvent en lui, en premier lieu, il est nécessaire d'unir la tête de Yetsirah à la tête d'Asiah, et par la suite, le reste de Yetsirah se fait de bas en haut. De même, Beriah est de bas en haut, et Birkat Avot est la tête de Beriah que l'on nomme Hekhal Kodesh HaKodashim de Beriah, jusqu'à la fin de Baroukh Atah H' Magen Avraham, et le reste de la Amidah est dans Atsilout.

Il est indispensable de s'inclure avec toutes nos parties, ce qui signifie de faire monter notre Nefesh avec les Nefashot d'Asiah, notre Roua'h avec les Rou'hot de Yetsirah, et notre Neshama avec les Neshamot de Beriah.   Comprenez bien cela.

La Kavana est qu'au début il est nécessaire d'élever les mondes de bas en haut. Le monde inférieur se lie au monde

---

[152] Du matin

au-dessus de lui, jusqu'à ce que tous les mondes soient liés ensemble dans le monde d'Atsilout, lors de la prière de la Amida, et que le Zivoug supérieur s'accomplisse. Ensuite, il est nécessaire de recevoir l'abondance qui résulte de ce Zivoug et de la faire descendre aux mondes inférieurs, de haut en bas.

C'est la raison pour laquelle lorsque nous récitons Ashrey Yoshvey Beitekha jusqu'à Tefilah Ledavid, nous attirons l'abondance d'Atsilout vers Beriah ; la Kavana est de ne pas faire descendre le monde de Beriah lui-même. Et ainsi de suite, jusqu'à Ein Kadosh Ka-H' ; nous attirons l'abondance de Yetsirah à Asiah. Ensuite, dans Aleinu leShabea'h, les mondes mentionnés descendent, chacun prenant sa place.

Le secret du Tikoun intérieur des quatre mondes

Quand nous récitons l'ordre des Korbanot, nous devons nous concentrer afin d'attacher Asiah à Yetsirah après que tous les mondes aient été maintenus et rectifiés dans leur totalité. Afin de les élever et de les maintenir ensemble, cela ne peut se faire que par l'aspect de leur Neshamot, qui est l'aspect intérieur de tous les mondes.

Pour cela, nous récitons les Korbanot par lesquelles nous attachons le monde d'Asiah sous l'aspect de son intériorité, qui est l'aspect des Nefashot en lui, incluant la lumière encerclante qui s'accomplit par la parole. Et ainsi, même l'extériorité, qui est la totalité du monde d'Asiah, se maintient en eux et nous élevons le monde d'Asiah vers le monde de Yetsirah et l'unisson dans l'aspect des Nefashot dans le monde d'Asiah, qui sont l'intériorité d'Asiah, tel que mentionné.

Ceci s'effectue à travers les Korbanot, et par la suite, les Mo'hin des lumières intérieures sont créés pour l'aspect des Nefashot, et aussi pour la lumière enveloppante qui s'accomplit par la parole.

Par la suite, en récitant les psaumes de Baroukh She'amar jusqu'à Yotser, nous élevons les Rou'hot qui se trouvent dans le monde de Yetsirah, ensuite de Yotser Or à la Amidah, nous élevons les Neshamot qui sont dans le monde de Beriah sous l'aspect de leur lumière intérieure et encerclante, jusqu'au monde d'Atsilout.

Maintenant, par la Keriat Shema' que nous récitons dans le Yotser, nous attirons et faisons descendre les Mo'hin internes de la lumière intérieure dans l'aspect de l'intériorité des mondes qui sont les Neshamot. Ensuite, dans la Amidah nous leur donnons l'aspect de leur lumière enveloppante.

Les dégâts causés lorsqu'on s'abstient de faire les Mitsvot ou les Téfilot

Parfois, l'homme évite une des Mitsvot par erreur ou sciemment. Lorsque, à tout moment un homme néglige de prier, il annule la Mitsva positive : Et vous servirez H' votre Dieu, ceci est la prière et quiconque transgresse cette Mitsva, cause un dégât dans le dernier Hei qui compose le nom HaVaYaH. Celui qui évite la Mitsva de Tsitsit provoque un dégât à la lettre Vav. Celui qui évite la Mitsva des Tefillin provoque un dégât au premier Hei de HaVaYaH et celui qui néglige de faire la Keriat Shema', cause un dégât au Youd de HaVaYaH. Toutes les quatre selon leur ordre de la plus basse à la plus haute. Afin de réparer les dégâts mentionnés ci-haut, un individu aura à faire quatre Yi'houdim[153], chaque Yi'houd en fonction du dégât qui s'applique à celui-ci.

La coutume du Arizal dans les paroles des Piyoutim et des Pizmonim

Je vais d'abord mentionner un point que mon maître m'a expliqué concernant les Pizmonim et les Piyoutim que les A'haronim ont établis. Sachez que mon maître ne prononçait aucun Pizmon ou aucun Piyout ou Bakasha parmi ceux que les A'haronim, tel que Rabbi Shlomo Ben Gavriel et ainsi de suite ont composés. Étant donné que ces A'haronim ne connaissaient pas les voies de la Kabbalah, ils ne savaient pas ce qu'ils disaient et se trompaient dans l'ordre des mots, manquant de sens, et en particulier le Pizmon Yigdal Élohi-m 'Hay et d'autres.

Mais il récitait les Téfilot, les Bakashot et les Pizmonim que les Rishonim avaient établis, tels que la Tefilah de Rabbi 'Akiva, la Tefilah de Rabbi Elazar Ben 'Erekh et la Tefilah de Rabbi Ne'hunya Ben HaKana. De même, il récitait tous les Piyoutim et Pizmonim que Rabbi Elazar HaKalir avait établis et qui se trouvent dans le Ma'hzor des Ashkénazes. Étant donné que tous ces Rishonim avaient composé leurs mots selon la Kabbalah et disposaient des connaissances appropriées. Même si ces mots avaient été inclus au milieu des Berakhot de Yotser, il les récitait, car ils étaient des Tannaïm qui comprenaient ce qu'ils rectifiaient, et tous leurs mots étaient établis conformément à la vérité.

---

[153] Unifications faites par la concentration, méditation en utilisant des noms ou permutations de lettres

Se vêtir de blanc pour le Shabbat

Pour Shabbat, il faut s'habiller avec des vêtements blancs et non pas avec d'autres couleurs. Le Arizal disait que la couleur qu'un individu porte le Shabbat dans ce monde, il la portera pour tous les Shabbat dans le monde à venir.

Prier à voix basse

Aussi, il ne priait jamais la Tefilah d'une voix haute, même pour l'ordre de la Tefilah étant assis, tel que les psaumes et ainsi de suite, pour ainsi montrer obéissance, respect et crainte de H'. À Shabbat, il élevait et rehausser sa voix d'une manière mélodieuse dans la Tefilah en restant assis, un peu plus que ce qu'il aurait fait un jour de semaine, et ne faisait cela que pour honorer le Shabbat.

Ne pas se vêtir de deux vêtements en une seule fois

Sachez que ce n'est pas convenable de s'habiller avec deux vêtements différents en une fois, cela pourrait provoquer l'oubli. À cause des péchés qu'un individu commet, il cause à se vêtir lui-même d'écorces qui se fixent à ses vêtements. Les vêtements ont un aspect de lumière encerclante à l'extérieur et de lumière intérieure qui s'attachent au corps. Le vêtement enveloppe le corps et sur lui se posent les lumières encerclantes. Il n'y a rien qui ne soit plus en mesure de repousser les écorces que les lumières environnantes, puisque les écorces ne peuvent pas s'attacher à elles. Quand un individu porte deux vêtements en même temps, il ne donne aucun espace aux lumières encerclantes pour pénétrer entre les vêtements et les envelopper. En conséquence, les écorces ne s'écartent pas du vêtement.

159

À chaque fois que l'on s'habille, il faut être vigilant et prendre son vêtement par la main droite pour habiller son côté droit en premier, et ensuite le côté gauche. La main droite doit toujours donner à la main gauche et non le contraire.

En ce qui concerne les chaussures, il devra d'abord mettre sa chaussure droite et ne pas attacher les lacets, puis mettre la chaussure gauche, attacher les lacets et par la suite attacher les lacets de la droite. Si les chaussures n'ont pas de lacets, il doit d'abord porter la chaussure droite et ensuite la gauche.

Shaar Hamitsvot

Dans Shaar Hamitsvot le Arizal révèle des secrets profonds sur le sens et le but des Mitsvot selon la Kabbalah.

ARIZAL

L'obligation de faire les 613 Mitsvot

Sachez que toutes les âmes sont tenues de faire toutes les 613 Mitsvot, sauf pour celles qu'elles ne peuvent accomplir, telles que les offrandes et autres qui n'est plus possible de faire depuis la destruction du Beit Hamikdach. Ou, comme la Mitsva de Yiboum[154], Get[155] ou rachat du premier-né qui ne dépendent pas de l'homme.

Même pour le Get - il n'a pas l'obligation de divorcer sa femme, sauf si elle ne lui plaît plus à cause de ses actes, et si ce n'est pas le cas, au contraire, les larmes descendraient sur l'autel. Et de même pour d'autres Mitsvot similaires.

Mais l'homme est obligé d'accomplir toutes les autres, et même celles qui ne sont obligatoires que si par hasard. Comme la Mitsva de Shilu'ah Haken[156], qu'il n'est pas obligé d'accomplir, sauf s'il rencontre le nid d'un oiseau par hasard, et ainsi de suite.

Néanmoins, un homme se doit de les rechercher et de les accomplir, car tant qu'il ne complétera pas les 613 Mitsvot, qui correspondent aux 248 membres et 365 tendons de sa Neshama, elle manquera de certaines de ses parties et est appelée défectueuse, et de lui il est dit; celui qui a une déformation ne doit pas s'approcher. Ceci est mentionné et interprété dans le livre des Tikounim, Tikoun 70, page 131 b, qu'il n'a pas de Tikoun jusqu'à ce qu'il revienne dans un Gilgoul et complète tous les 613 commandements.

---

[154] Marier l'épouse de son frère décédé sans enfants
[155] Document de divorce remiss à espouse
[156] Renvoyer la mère oiseau lorsque l'on la trouve sur son nid ou sur ses oisillons

Celui qui n'apprendra pas les quatre niveaux de la Torah reviendra se réincarner

Aussi pour l'apprentissage de la Torah, qui est l'une des 248 Mitsvot positives, il doit compléter tous les niveaux de PaRDeS de la Torah qui sont les initiales de Pshat[157], Remez[158], Drash[159] et Sod[160] dans chacun de leurs aspects, autant qu'il est capable d'atteindre par lui-même ou s'il trouve un sage pour lui apprendre. S'il ne fait pas cela, il n'a pas accompli la Mitsva de l'apprentissage de la Torah qui est grande et égale toutes les autres Mitsvot. Il sera nécessaire pour lui de se réincarner jusqu'à ce qu'il fasse tous les efforts pour apprendre les quatre aspects de PaRDeS comme mentionné.

Sachez que celui qui fait une Mitsva, il ne suffit pas juste de l'accomplir. Nous avons trouvé dans les paroles de nos sages que quiconque fait une Mitsva ; sa vie sera bonne et longue. Mais nous avons vu combien de Mitsvot des personnes font, mais les paroles de nos sages ne se réalisent pas tel que ; grande est leur récompense même dans ce monde.

Mais la racine où tout repose est que lorsqu'on fait une Mitsva on ne doit pas penser que c'est un fardeau et se précipiter pour s'en débarrasser. Au contraire, on doit penser avec son intelligence que lorsque l'on fait cette Mitsva, c'est comme si on gagnait un million de dinars d'or.

---

[157] Sens littéral
[158] Allusion
[159] Allégorie
[160] Secret

Faire les Mitsvot avec joie

Il devrait être heureux lorsqu'il fait une Mitsva avec une joie sans fin, du cœur, de l'âme et avec un grand désir, comme si vraiment on aller lui donner un million de dinars d'or pour faire cette Mitsva. Tel est le secret du verset ; parce que vous n'avez pas servi H 'avec joie et allégresse du coeur.... Ceci indique la fidélité de sa confiance dans le Créateur dans le but final. La récompense a été effectivement préparée pour lui et en conformité avec la grandeur de sa joie dans la vérité et le contentement intérieur du cœur, de sorte qu'il soit digne de recevoir les lumières supérieures. S'il persiste dans cette voie il n'y a pas de doute que le Roua'h Hakodesh [161] reposera sur lui.

Ceci est pour l'accomplissement de toutes les Mitsvot. Au moment où il s'engage dans la Torah, que ce soit avec un grand désir, vigueur et enthousiasme, comme s'il était debout devant le roi pour le servir, avec un intense désir de trouver grâce à ses yeux afin de recevoir une grande élévation supplémentaire.

Quand il fait une Mitsva, il doit se concentrer qu'il le fait pour l'amour de celui qui les a faites, qui est H' (béni soit-II). Par exemple, quand il coupe ses cheveux, il ne suffit pas de ne pas endommager ses Péot[162], mais il est nécessaire de se concentrer sur le fait qu'il évite de les couper afin d'accomplir la Mitsva que son Créateur lui ordonne. De même pour chaque Mitsva, il doit être prudent de la faire avec cette Kavana et de mettre toute sa confiance en Lui.

---

[161] Inspiration divine
[162] Cheveux sur les cotés supérieurs du visage

Il y a même une Kavana[163] plus grande que toutes, tel que mentionné dans l'introduction du livre de Tikounim et dans de nombreux autres endroits ; qu'un homme devrait se concentrer qu'il ne fait pas cette Mitsva comme un serviteur qui sert son maître afin de recevoir une récompense, mais comme un fils dont l'intention est de plaire et satisfaire son père qui est dans les cieux.

Le but des Mitsvot et Téfilot est de rectifier les mondes

Celui qui connaît la Kavana de la Tefilah et des Mitsvot et se concentre tout en les faisant pour corriger les mondes supérieurs et unir les noms de Kadosh Baroukh Hou avec sa Shekhina, ne devrait pas le faire pour recevoir une récompense dans ce monde, et même pas dans le monde à venir.

J'ai également trouvé que quand un homme fait les Mitsvot, il provoque deux Zivouguim[164] supérieurs. Le premier est le Zivoug[165] de Abah et Imah et le second est Z'A avec Noukvah. Le Zivoug de Abah et Imah se fait à travers le non-accomplissement des Mitsvot négatives, et le Zivoug de Z'A et Noukvah se fait à travers la réalisation des Mitsvot positives.

L'interdiction de prononcer les noms sacrés

À propos de l'interdiction de prononcer le Nom[166] tel qu'il est écrit, et l'utilisation de la Kabbalah pratique. Il est écrit : ceci

---

[163] Intention - Concentration
[164] Unions
[165] Union
[166] Havayah

est Mon Nom Le'oalm (pour toujours), écrit Le'elem [167] (caché). Mon maître m'a dit que la véritable interprétation de cela ; est qu'il ne faut pas lire les quatre lettres du Nom HaVaYaH comme elles sont écrites sans Milouy[168].

À propos de la Kabbalah pratique qu'un homme utilise pour faire des choses miraculeuses à travers l'adjuration de Shemot Hakodesh (noms saints) ; quiconque fait ces adjurations provoque que des Berakhot en vain viennent constamment à sa bouche, parce que la violation entraîne la violation et les anges qu'il adjure contre leur volonté, l'amèneront à dire des Berakhot en vain.

Je demandai à mon maître ; nous avons vu la génération des Rishonim qui ont utilisé les noms comme il est écrit dans le livre de Perake Hekhalot et Rabbi Yishma'el et Rabbi Akiva les ont utilisé pour ouvrir le cœur et la mémoire. Il répondit qu'ils avaient été purifiés par les cendres d'une génisse rouge. Mais maintenant, nous sommes tous impurs par le contact d'un cadavre et nous n'avons pas la permission de les utiliser.

Ils pourraient l'accuser d'en haut en disant ; regarde tel et tel qui a fait telle ou telle violation, il utilise Tes saints Noms. Pour sûr ils le puniront pour l'utilisation de ces Shemot Hakodesh (Noms saints).

J'ai aussi entendu au nom de mon maître que tous les noms et amulettes en notre temps sont trompeurs ; même celles écrites par ceux qui ont une réelle expérience. Pour cette

---

[167] Pessahim, 50
[168] Eppélation, ajout des lettres

raison, celui qui les utilise est puni. Mon maître prit soin de ne pas prononcer des Shemot Hakodesh ou les noms d'anges, même celles écrites dans les livres. Il ne les mentionnait pas durant d'une leçon. Quand il mentionnait Metatro-n, il disait Mem-Tet et quand il mentionné Sama-el il disait Samekh-Mem, et ainsi de suite. La raison est que lorsque Kadosh Baroukh Hou a donné l'autorité à ses émissaires et anges, Il leur commanda que lorsqu'un homme les mentionne et les adjure par leurs noms, immédiatement ils répondraient, tel que mentionné dans les Autiot de Rabbi Akiva.

À une occasion, je demandais à mon maître ; nous mentionnons toujours les noms Adona-y et Élohi-m et ainsi de suite. Cela étant, pourquoi est-il interdit de mentionner les anges créés ? Il répondit ; comme dans le secret de ; je suis passé sur la terre de Mitsrayim, Moi et pas un ange.... L'interprétation est que la terre était pleine de puissances négatives et si un ange était descendu, il aurait été vêtu de ces impuretés, mais Il (béni soit-Il) est un feu dévorant et rien ne se tient devant Lui et aucune impureté ne peut s'attacher à Lui. Ainsi, en prononçant le nom de l'ange ; le son (du nom) se revêt dans l'air du monde alors qu'il devrait être caché en raison de sa grande Kedousha[169] et son élévation.

Le secret d'honorer ses parents

La Mitsva d'honorer le père, la mère et le frère aîné. Il est écrit ; honore ton père et ta mère, nos sages ont enseignés ; 'Et' afin d'ajouter aussi le frère aîné. Notez que le fils est tiré de son père, il en est le résultat, son père est la cause qui l'a

---

[169] Sainteté

provoquée. Le résultant est dépendant à la cause qui l'a provoqué.

Comme nos sages ont écrit dans Masekhet B'M, page 108, concernant les cinq jardins arrosés par une seule source ; que le plus bas les aides tous et ainsi de suite, car le premier n'a besoin que du premier conduit d'eau de s'étendre à sa position et dans cette mesure, il n'est tenu qu'à la réparation de ce conduit, mais non au-delà de cela. Il est de même pour tous les cinq à l'exception du dernier, car partout où le conduit est cassé, il perd que l'eau et a besoin d'être réparé à partir du haut jusqu'à sa position.

Ceci est le secret de ; à la découverte de la transgression des pères sur les enfants. Ceci est aussi le secret de ; nos pères ont péché, ne sont plus et nous avons hérité leurs transgressions, parce que quand leurs pères ont cassé le conduit d'eau à son début, leurs fils doivent réparer à partir de la position de leurs pères et vers eux.

Mais quand les fils cassent le conduit, leurs pères ne doivent pas réparer la position de leurs fils, puisque l'eau a déjà été tirée vers eux. Tel est le secret de ce qui est écrit sur Yishma'el ; que Dieu a écouté la voix de l'enfant, parce qu'il était là. Il n'a pas été puni pour la transgression de ses futurs fils qui mettront à mort quatre-vingt mille Cohanim par la soif, comme nos sages ont écrit dans Yerushalmi Tahanit, 4.

Par conséquent, le respect du père et de la mère est parce que l'abondance est déversée sur le fils d'en haut, en fonction de ses actions et à travers eux, car il en est le résultat tel que mentionné.

Cette raison suffit lorsque les pères et les mères ont leur Neshama d'une même racine. Ils sont au-dessus et il est en dessous d'eux, il a besoin d'eux afin de tirer son abondance et son être à travers eux. Mais on sait que la plupart des enfants ne sont pas d'une seule racine, car celui-ci est de 'Hesed, celui-ci de Gevourah, et ainsi de suite. Surtout ceux qui se sont réincarnés, car ils ne disposent pas d'un héritage de leurs pères en raison des nombreuses fois où ils ont réincarné.

Ils n'ont pas d'héritage ou de proximité avec l'âme de leurs pères ou leurs mères du tout. Au contraire, nous avons trouvé plusieurs fois qu'un homme méprisable et bas au dernier degré qui engendre un fils qui est un Tsadik complet et un grand 'Hakham. Sa Neshama est supérieure à celle de son père par mille degrés, alors comment se fait-il qu'il soit obligé de l'honorer?

Le secret de la question est la suivante ; sachez que chaque Neshama est tirée des 'Hasadim ou des Guevourot qui sont dans Da'at de Z'A et a sa propre racine de là.

Quand un homme s'unit avec sa partenaire, ils attirent ces Neshamot. Son père lui donne une partie des aspects des 'Hasadim qui sont en lui. Ils se combinent avec cette nouvelle Neshama et elle est maintenant de l'aspect de son père qui fait un vêtement pour elle, afin de la guider et l'aider dans ce monde pour accomplir les Mitsvot et se livrer à la Torah. Car un enfant est né petit, alors comment pourrait-il savoir par lui-même comment marcher dans les voies de la Torah et des Mitsvot sinon par une partie de la Neshama du père qui l'aide et le guide à marcher dans la voie qu'il doit suivre ?

Si cette âme est nouvelle, elle n'est pas habituée à ce monde et a besoin d'aide pour la soutenir et la diriger. Si l'âme se réincarne, elle a aussi besoin d'aide parce que ses transgressions antérieures l'empêchent d'aller sur la bonne voie. Par conséquent, la mère donne à cette Neshama une partie de l'aspect de Gevourah qui est en elle et est comme un revêtement pour elle. Pour tout ce que l'homme fait dans ce monde, il a en lui une partie de son père et de sa mère, car ils l'aident et le guident dans ce monde à travers les vêtements dont ils le revêt, tel que mentionné. Même l'abondance qu'ils lui donnent d'en haut n'est tirée qu'à travers ce vêtement. La question de l'association du père et de la mère avec l'enfant a maintenant été expliquée et avec cela, le respect du père et de la mère.

Les dommages causés par le vol

Le jugement du voleur : Il est écrit que si le voleur est trouvé, il doit rembourser deux fois le montant volé. Le vol a été expliqué ci-dessus dans Parachat Lekh Lekha, parce que le vol est en Hesed dans Tiferet de Z'A, qui est un endroit couvert et dissimulé. En effet, la raison de payer le double est que le voleur cause des dommages en haut et fait que les Klipot volent les Neshamot qui sortent de Malkhout, comme on le sait.

Nous allons aussi expliquer ce que nos sages ont dit dans BaBa Kama, page 119 ; celui qui vole la valeur d'une Peruta de son compagnon – c'est comme s'il lui a volé son âme...

Le problème est que chaque Neshama se compose de 248 membres, et chaque membre se compose d'étincelles de lumières. Conformément à la multiplicité des lumières que cette Neshama a, elle suscitera l'abondance qu'on lui donne d'en haut, et en conformité avec l'abondance qu'elle reçoit est le Mammon (richesse) qu'il a dans ce monde.

Quand ils volent son Mammon, ils volent de son abondance qui descend à son âme d'en haut, et même si elle ne vaut qu'un centime, il vole de son âme la valeur d'un centime de l'abondance qui lui est donnée tel que mentionné. Comme nos sages ont écrit dans 'Holin, page 91 sur le verset; Yaacov resta seul; que les Tsadikim prennent soin de leur Mammon, car Yaacov retourna pour obtenir ses 'petits contenants... '.

Étant donné que son Mammon est attiré vers lui de l'aspect de l'abondance supérieure qui est donné à son âme, s'il n'en prend pas soin, cela est comme s'il méprise l'abondance qui descend vers lui et ne l'estime pas. En outre, s'il abandonnait même un petit cent qu'il a perdu, l'abondance spirituelle de cette valeur est extraite de son âme. Pour cette raison, il prendra soin de son argent dans ce monde, sauf dans les questions de Tsedakah et Mitsvot, car eux au contraire, lui ajouteront d'en haut.

L'interdiction de mentionner le nom d'autres Dieux

Comme il est écrit; le nom d'autres dieux vous ne mentionnerez pas. Sachez que l'essence de cette interdiction est que l'on ne devrait pas mentionner le nom de Sam-l, qui est appelé 'autres dieux'. Surtout la nuit, parce que c'est le domaine des extériorités[170] et celui qui mentionne son nom augmente sa puissance. Quand mon maître le mentionnait, il

---

[170] Forces négatives

dirait Samekh Mem qui sont les deux premières lettres de son nom. En outre, même de mentionner le nom des démons, comme ceux qu'ils appellent dans d'autres langues El Diablo et ainsi de suite, il faut éviter, car cela augmente leur pouvoir.

À une occasion, je parlais à un homme et mentionnais Sam-l alors qu'il faisait nuit. Le matin, quand je suis allé à la maison de mon maître, il regarda mon front et me dit ; cette nuit, tu as transgressé ; le nom d'autres Dieux vous ne mentionnerai pas. Il m'avertit sévèrement que je devrais en aucun cas mentionner son nom, ou celui des autres, de jour ou de nuit, et surtout pas la nuit parce qu'il pourrait vaincre celui qui le mentionne, lui causer de pécher et le punir. Il pourrait également surmonter d'autres personnes à cause de cet homme qui l'a mentionné.

Le but de Téfilot et Mitsvot

Par les Téfilot et les Mitsvot que nous faisons dans ce monde, nous aidons pour l'union du masculin et du féminin (Zivoug de Z'A et Noukvah) afin de restaurer l'harmonie et réparer les étincelles tombées.

Chaque jour, nous clarifions ces étincelles, niveau après niveau. En fonction de la puissance de nos Téfilot et de nos actions, elles montent et sont renouvelées. C'est ce que nous faisons chaque jour, jour après jour, jusqu'à ce que ces rois[171] soient complètement clarifiés et toute la bonté et sainteté qui sont en eux soient réparées.

Le but de toutes les Téfilot et Mitsvot que nous faisons dans ce monde n'est que pour clarifier les étincelles dans ces rois,

---

[171] Les Sephirot qui se sont brisées lors de la création des mondes

173

afin qu'elles soient en mesure de remonter à leur origine. Pendant les jours de la semaine, nous les clarifions selon les Mitsvot et les actes que nous faisons, ce qui est différent du Shabbat, comme il sera expliqué.

Si ces parties de négativité ne s'étaient pas attachées à ces rois, la réparation n'aurait pas été nécessaire, mais cela est la façon dont cela a été fait. En conséquence, chaque jour, nous devons faire tous ces actes afin de séparer ces parties de négativité de ces rois, afin qu'ils puissent remonter jusqu'à leur origine.

Si les actes que nous faisons sont négatifs et non en fonction de la Torah, le contraire est fait, ce qui signifie que ces parties au lieu d'être clarifiées et monter à leur origine, d'autres mauvaises entités se joignent à eux et les forces négatives ont de plus en plus de pouvoir dans ce monde. Même s'il y a des forces dans le monde supérieur qui aident à clarifier les parties de la négativité, ils ne peuvent le faire par eux-mêmes, ils ont besoin des actes de l'homme dans ce bas monde. Ce n'est qu'avec l'harmonie entre les actes que nous faisons ici et les actes qui sont faits en haut que la puissance ou la force est assez forte pour détacher toute négativité de ces rois.

L'objectif de tout est de clarifier les étincelles

Nous allons d'abord expliquer la raison de l'interdiction de faire des travaux Shabbat, le jour de Yom Tov le travail de préparation des aliments est autorisé. Au début, de Atsilout sept rois d'Edom ont émané, régné et sont morts. Ensuite, le monde de Atsilout a été rectifié. Grâce aux Téfilot et Mitsvot que nous faisons, nous provoquons l'union de ZouN[172], et envoyons ces sept rois dans le secret de Mayin Noukvin, à Noukvah de Z'A où ils sont renouvelés et rectifiés. Tous les jours des étincelles ou des parties d'elles, sont clarifiées niveau après niveau et en fonction de la puissance de nos Téfilot et nos actions à ce moment-là, elles montent et sont renouvelées.

Nous faisons cela tous les jours, constamment, jusqu'à ce que la clarification de ces rois soit complétée avec toute la bonté et Kedousha en eux, et que les Klipot restent en dessous dans l'aspect du mal. D'eux il est écrit ; il détruira la mort pour toujours et toute méchanceté sera faite de fumée.

Le Mashiah ne viendra pas avant que toutes les Neshamot qui sont dans le corps d'Adam Harishon sortent et que tous les aspects de ces rois sont complètement clarifiés. Par conséquent, le but de toutes les Téfilot et Mitsvot que nous faisons dans ce monde n'est que pour clarifier ces rois et les ramener de leur mort à la vie. Notez que les jours de semaine, nous clarifions ces rois à travers les Mitsvot pratiques que nous accomplissons par le travail, ce qui n'est pas pendant Shabbat, comme cela sera expliqué.

Attacher son âme à sa racine supérieure par la Torah

J'ai toujours vu mon maître quand il commençait à s'engager dans la Torah, Halakha ou Guemara avec les membres du groupe, même quand ils étudiaient dans sa maison, il disait cette prière avant de commencer ; qu'il soit de bonne volonté devant vous, H' mon Dieu, Dieu de mes pères, que je ne

---

[172] Zeir Anpin et Noukvah

fasse pas d'erreur dans une affaire de Halakha, et ne pas appeler l'impur pur, ni le pur impur, l'interdit autorisé, ni l'autorisé interdit. Que mes amis ne trébuchent dans une affaire de Halakha et que je sois heureux pour eux, ni que je ne trébuche en elle, et qu'ils soient heureux pour moi, car H' donne la 'Hokhma, Da'at et Tevounah, comme il est dit dans les Psaumes ; ouvre mes yeux que je puisse voir des choses merveilleuses dans ta Torah. Ensuite, il commençait à s'engager dans la Torah.

L'essence de la Kavana d'un homme quand il s'engage dans la Torah est d'attirer sur lui le discernement et la haute Kedousha. Tout dépend de cela ; que toute sa Kavana soit de lier son âme avec sa racine supérieure par la Torah. Grâce à cela, il complétera le Tikoun de Adam Harishon. Ce fut l'intention de Dieu quand il créa les hommes et la raison de leur ordonner d'étudier la Torah.

J'ai vu mon maître comment il grandissait fort comme un lion quand il se livrait à la Halakha jusqu'à ce qu'il transpirait beaucoup. Je lui demandais pourquoi il prenait tant de peine, il répondu ; approfondir plus profondément brise les Klipot qui sont les difficultés de la Halakha et empêchent l'homme de les comprendre. Pour cette raison, la Torah épuise la force de celui qui se livre à elle. Ainsi, il convient de maximiser les efforts en s'engageant dans Halakha.

Tout comme celui qui veut manger une noix doit d'abord briser sa coquille, l'approfondissement doit venir en premier. Mon maître dit que celui qui a une intelligence pure et forte pour étudier la Halakha pour une heure ou deux, il est certainement très bon pour lui d'en prendre la peine pour les raisons mentionnées. Mais pour celui qui sait que cela est difficile pour lui d'approfondir et passe trop de temps avant qu'il ne comprenne la Halakha, il ne fait pas bien. Il est semblable à celui qui casse constamment des noix, mais ne mange pas ce qui est à l'intérieur. Il est préférable pour lui de se livrer à la Torah, les lois, Midrashim et dans la Kabbalah.

Les dégâts causés par les farceurs, flatteurs, menteurs et parleurs de Lachone hara'

Il y a quatre groupes qui ne reçoivent pas la face de la Shekhina ; les groupes de plaisantins, flatteurs, menteurs et parleurs de Lachone hara'. Sachez que dans le monde de Atsilout il y a cinq Partsoufim ; Arikh Anpin, Abah, Imah, Z'A et Noukvah. Le groupe de farceurs endommagent Arikh Anpin, les flatteurs Abah, les menteurs Imah, le groupe de parleurs de Lashon Hara endommagent Z'A et l'abondance dont Noukvah a besoin n'est pas attirée vers elle. Sachez que le dommage des farceurs est le moindre d'entre eux ; il ne provoque que la suppression de l'éclairement de Arikh Anpin vers les configurations en bas de lui.

La violation des flatteurs est plus grande, car elle provoque le retrait de l'illumination de Abah. La violation des menteurs est encore plus grande, car elle provoque aussi le retrait de l'illumination de Imah.

La violation des parleurs de Lachone hara' est la plus grave de toutes, provoquant que même l'illumination de Z'A soit retirée de celles plus bas.

Marcher dans Erets Israël

La Mitsva de marcher en Erets Israël comme ils l'ont dit dans Ketouvot, page 111 ; celui qui marche quatre coudées dans Erets Israël, ses péchés sont pardonnés. Dans cette Mitsva, il y a deux Kavanot, la première en Ra'hel et la seconde en Leah, puisque chacune d'elles est appelée Erets Israël.

Netilat Yadayim est pour enlever les énergies négatives

Les doigts sont le lieu où les lumières sont révélées et sur les ongles les énergies négatives s'attachent. En faisant Netilat Yadayim, notre intention est de repousser les étincelles négatives qui s'y sont attachées.

Nous expliquerons leur lavage et après leur élévation jusqu'à la face. D'abord, nous versons de l'eau sur elles pour éliminer ces impuretés, ces eaux représentent la bonté -'Hesed ; c'est ce qui éloigne les Klipot, car leur attachement n'est que du côté de Gevourah - rigueur. En premier, vous versez de l'eau sur votre main droite, et ensuite sur votre main gauche. Après que les Klipot ont quitté les mains, on élève les mains en face du visage. On se concentre pour élever Asiah à Yetsirah pour qu'elle reçoive l'abondance de sa subsistance à partir de là ; cela est la Kavana de l'élévation des mains. Puis la même illumination qui est sortie des doigts retourne et entre dans les trois Mo'hin de Z'A qui sont dans sa tête, car ils ont été retirés et maintenant y reviennent pour y être cachés. Les extérieurs n'ont aucune prise sur les Mo'hin, pour cette raison il est nécessaire d'élever les mains à la hauteur de la tête pour indiquer que l'illumination reviendra être cachée dans les trois premiers Mo'hin. Après vous ferez la Berakha de Netilat Yadayim, en disant 'Al Netilat Yadayim, on doit se concentrer sur les premières lettres 'Ayin-Nun-Yod (Ani, pauvre), qui a une Guématria de 130. Ceci est le secret pourquoi Malkhout est appelée Ani et Dal (pauvre), car elle est toujours du côté de la réception.

Le secret de HaMotsi

Au début, l'on se concentre sur le Le'hem (pain) lui-même, qui équivaut à trois HaVaYot[173] (78), le Guématria de Le'hem (pain). Ensuite, vous prendrez les pains entre vos deux mains debout, les côtés extérieurs à l'extérieur et dire le HaMotsi. Dans le mot HaMotsi vous élèverez un peu les deux mains qui tiennent les pains ; c'est le Kavana de Birkat HaMotsi. La Kavana est d'élever la Malkhout dans Imah par les mains, car c'est par elles que l'on élève constamment.

Une fois que vous coupez le pain, il est nécessaire de tremper la tranche de pain dans le sel et se concentrer que Le'hem et Mela'h (pain et sel) sont des lettres identiques. Mais la différence entre eux est que le pain indique les trois HaVaYot qui sont L'HM (78) en Guématria, dans le secret des trois 'Hasadim qui sont dans Yesod. Le sel est les trois HaVaYot des Guevourot en Yesod qui y sont adoucies. Vous vous concentrerez sur l'adoucissement des trois Guevourot par les 'Hasadim par le trempage, parce que le sel est un peu d'amertume et de jugement.

Les aliments nourrissent la Neshama aussi

Dans la nourriture que l'homme mange, il y a une partie matérielle qui nourrit le corps et aussi une partie de vitalité qui est pour sa Neshama. La nourriture a cette vitalité qui est la

---

[173] Nom de יהו- ה

partie spirituelle en elle pour soutenir le côté spirituel de l'homme. Comme il est dit ; il vous nourrit avec la Manne (Devarim 8 : 3), pour nous faire comprendre que la nourriture de l'homme est principalement pour la partie spirituelle en lui. Comme il est écrit ; non par le pain seulement l'homme vivra, mais par tout ce qui sort de la bouche de Dieu.

Shaar Hapesukim

Dans Shaar Hapesoukim sont les commentaires et explications du Arizal sur la Torah selon la Kabbalah, divisés selon les parashiot hebdomadaires.

Le mot Bereshit a six lettres

Au commencement, Dieu créa les cieux et la terre. Comme expliqué dans le Zohar ; le mot Bereshit a les lettres Barah Shit - Il créa six. Il y a six lettres dans le mot Bereshit, correspondant aux six extrémités[174] de Z'A qui furent créé.

Que la lumière soit

'La terre était informe et vide', avant que les sept plus basses Sephirot appelées ZouN de Atsilout émanent après le Tikoun, les sept rois[175] d'Edom qui sont morts les avaient précédés ; ils étaient de l'aspect de ZouN sans Tikoun. Par conséquent, la terre qui est la Noukvah de Z'A, était informe et vide. Comme il est dit ; 'Et la terre était', ce qui signifie précédemment ; à l'époque des rois. Après le temps des rois, le Tikoun commença et ZouN émana rectifié. Ils sont appelés les sept inférieures de Atsilout qui commencent à partir de 'Hesed et plus bas. Qu'est-ce qui est écrit dans la Torah juste après ? Et Dieu dit : Que la lumière soit... ceci est le début du Tikoun qui commença du premier 'Hesed qui est dans les sept inférieures, appelée Or Kadma'ah - lumière primordiale. Ensuite, le reste des sept inférieures ont été émanées dans les sept jours de Bereshit.

Adam était supérieur à tous les anges élevés

Maintenant, nous allons expliquer au sujet d'Adam Harishon dont le corps a été créé à partir du monde de Beriah il fut taillé dans le trône de Kavod qui est le monde de Beriah il inclut dans son corps tous les trois mondes de Beriah

---

[174] Sephirot
[175] Sept Sephirot qui se sont brisées

Yetsirah et Asiah. Ces trois mondes sont contenus ensemble et sont appelés un monde de six mille ans.

En cela, il deviendra clair pour vous ce que ce niveau d'Adam était avant qu'il pécha. Sa taille était d'un bout du monde à l'autre, il était supérieur à tous les anges, y compris Metatron[176] qui est seulement en Yetsirah, alors que Adam contenait tous les trois mondes de Beriah Yetsirah et Asiah dans l'aspect de son corps. En outre, il les contenait quand ils étaient à un niveau plus élevé, au-dessus de celui qu'ils sont aujourd'hui, après le péché d'Adam.

Toutes les âmes étaient contenues dans Adam Harishon

Comme nos sages ont dit ; deux mille ans de Tohou[177], deux mille de Torah, deux mille des jours de Mashiah. Sachez que quand Adam Harishon a été créé, toutes les Neshamot étaient contenues en lui, comme mentionné dans le Zohar Parasha Ki Tetse, dans Mitsvat Shilu'a'h Haken[178].

HaKadosh Baroukh Hou voulait que les années du monde soit de six mille ans, de sorte que toutes les Neshamot qui sont de Beriah Yetsirah et Asiah soient rectifiées.

Trois fois deux mille ans

En premier furent rectifiés les deux mille ans du monde de Asiah. Puisque la racine de toutes les Klipot est en Asiah, ils sont appelés deux mille ans de Tohu. Pour cette raison, dans la plupart de ces générations étaient des méchants ; la génération d'Enoch, la génération du déluge, la génération de

---

[176] L'ange supérieur
[177] Déséquilibre
[178] Renvoi de la mère oiseau

la tour de Bavel, les hommes de Sodome et ainsi de suite. Ensuite, les aspects des deux mille ans de Yetsirah qui correspondent à Z'A ; appelé Torah écrite, ont été corrigés. Pour cette raison, ils sont appelés ; deux mille ans de la Torah, car la Torah fut donnée à Israël pendant cette période.

Ensuite sont les deux mille ans des jours de Mashiah, qui sont de Beriah et Imah. Alors que le Mashiah ne viendra qu'à la fin d'eux, néanmoins tous ces deux mille ans sont appelés les jours de Mashiah, la raison est que tout l'aspect de Geoula est de Imah qui est appelé Dror ve'Hurin (délivrance et liberté).

Tikoun d'Adam Harishon

Notez que chaque fois qu'un Tsadik né dans ce monde, il est d'un membre particulier d'Adam Harishon, lorsque ce Tsadik est complet et rectifié, Adam Harishon l'est aussi en ce qui a été endommagé en lui au début. Il est connu que Moshe l'élite de ceux créés, rectifia les dommages d'Adam Harishon à un niveau qu'aucun autre Tsadik n'a jamais fait.

ARIZAL

Shaar Roua'h Hakodesh

Les révélations du Arizal au sujet de la prophétie, Roua'h Hakodesh ainsi que leurs différents niveaux respectifs.

Rien n'est en vain

Sachez que quand un homme est juste et pieux, s'engage dans la Torah et prie avec Kavana, cela n'est pas en vain. Pour sûr, il n'y a rien qui ne possède une réalité ; même le son qui sort de la frappe d'un bâton n'est pas inutile[179]. Certes, de ses actions, des anges et âmes saintes sont créés avec une complète existence, comme expliqué dans le Zohar[180] et comme écrit par nos sages ; quiconque fait une Mitsva, il lui est attribué un avocat.

Les anges sont créés par l'homme

La parole de l'homme crée des anges positifs ou négatifs, conformément à son discours. Comme il est écrit dans le Zohar [181] ; quand un homme étudie la Torah, la voix et le souffle qui sortent de sa bouche font un char pour que les âmes d'anciens Tsadikim descendent lui enseigner la Torah. Comme mentionné également dans le Zohar [182] ; sur la respiration, la parole et la voix, tel qu'il sera expliqué plus loin.

En effet, tout est selon les actes de l'homme, si la Torah qu'il étudie est sans intérêt personnel, l'ange qui est créé de là sera très saint, noble et confiant dans toutes ses voies. S'il l'étudie sans erreurs et distorsions, l'ange créé sera également sans erreur et digne de confiance. De même, la Mitsva que l'homme fait, si elle est faite correctement, un ange très saint sera créé d'elle. Comme il est écrit ; quiconque fait une Mitsva, achète un avocat. Conformément à ce qui manquait dans cette Mitsva, la lumière de cet ange

---

[179] Zohar, Parasha Shelah Lekha
[180] Ibid, page 59
[181] Tikounim
[182] Mishpatim, 100b

manquera aussi. Il est certain que la puissance de l'ange fait à partir de l'étude de la Torah est plus grande que celle faite par une Mitsva.

Maguidim - Anges célestes

Les anges qui se révèlent à l'homme et lui divulguent des secrets et l'avenir sont appelés Maguidim, ils sont créés lorsque l'homme étudie la Torah et accomplit les Mitsvot.

Il y a des hommes à qui les Maguidim ne se révèlent pas du tout et il y a ceux à qui ils le font. Tout est en conformité avec les aspects de leur âme ou selon leurs actes. Il y a des bons et sincères Maguidim qui sont faits lorsque l'apprentissage de la Torah et l'accomplissement des Mitsvot sont faits correctement, et il y a des Maguidim qui ne sont pas sincères et ont en eux un mélange de fausseté et mensonge. Si l'homme avait un trait négatif ou fausseté lors de l'apprentissage de la Torah ou en faisant une Mitsva particulière, l'ange créé sera fait de bon et mauvais, les bons traits diront des choses vraies ; les mauvais traits des mensonges.

Il y a des Maguidim fait du monde de Asiah seulement ; ceux-ci sont faits par les Mitsvot pratiques faites sans Kavana. Il y a des Maguidim fait du monde de Yetsirah ; ils sont de l'apprentissage de la Torah et il y a des Maguidim du monde de Beriah fabriqués à partir des Kavanot et les pensées de l'homme alors qu'il s'engage dans la Torah ou une Mitsva.

Dans chaque monde, il existe différents niveaux et détails, différents l'un de l'autre. Mon maître m'avait dit comment voir si un Maguid est véridique ; si toutes ses paroles sont pour l'amour du ciel, si il n'évite ou n'annule pas même une lettre de ses paroles et s'il sait aussi comment expliquer les mystères de la Torah et ses secrets[183], avec tout cela, il est certain que l'on peut croire en lui. Selon ses paroles, nous serons en mesure de connaître et de reconnaître sa grandeur et élévation, conformément à sa connaissance.

Le secret de la prophétie et Roua'h Hakodesh[184]

Une voix est envoyée d'en haut pour parler à un prophète ou un homme qui a Roua'h Hakodesh. Il est impossible pour cette voix spirituelle élevée de prendre forme et entrer dans les oreilles de ce prophète, si en premier elle ne s'habille d'une voix physique qui sort de sa bouche alors qu'il s'engage dans la Torah ou dans la prière. Elle s'y habille, s'y attache et ensuite monte à son oreille pour qu'il l'entende. Sans la voix physique de cet homme, cela ne peut pas avoir lieu.

Cette première voix à partir de laquelle les anges et les saints esprits ont été créés, comme mentionné ci-dessus, sont eux-mêmes les voix de la prophétie. Lorsque cette voix vient lui dire la prophétie, en venant elle se revêt dans cette voix physique du présent au moment où la prophétie repose sur lui. Et ceci est le secret du verset dans Shmouel 2 23 : 2 ; l'esprit de Dieu a parlé par moi, et Sa parole est sur ma langue.

Le Roua'h et le mot qui est le premier discours fait par l'étude de la Torah et les Mitsvot comme mentionné ci-dessus, est ce qui repose maintenant sur lui sur sa langue. Il provoque que la voix et la parole sortent de l'intérieur de sa bouche et

---

[183] Kabbalah
[184] Inspiration divine

parlent à travers elle, ensuite il les entend. Il y a beaucoup de détails dans cela, car comme il est connu ; dans un homme il y a voix, parole et souffle[185].

Il est possible que la première voix vienne maintenant et se revêt dans la voix du présent. Ou pour le premier discours de venir se revêtir dans le discours du présent, pour le premier souffle dans le souffle du présent, pour la voix du passé dans la parole ou le souffle de maintenant, pour le premier discours dans la voix ou le souffle de maintenant, pour le premier souffle dans la voix ou la parole de maintenant et ainsi de suite[186].

Il est également possible que cette voix supérieure s'habille dans la voix d'un Tsadik ancien à partir du temps des Rishonim, ou de son temps présent et les deux se joignent pour venir lui parler. Ou il est possible que la voix plus élevée se revêtît dans le discours ou dans le souffle d'autres Tsadikim comme mentionné.

Sachez qu'il est possible pour une voix ou le souffle d'un Tsadik de venir lui parler seulement s'il est de la racine de sa présente Neshama, ou si cet homme a fait une Mitsva dans le domaine de ce Tsadik. En raison de l'une de ces deux conditions, il viendra se poser sur lui de la manière indiquée.

La différence entre la prophétie et Roua'h Hakodesh

La prophétie est du côté masculin et Roua'h Hakodesh du féminin, donc la prophétie ne peut être que de la voix ou du

---

[185] Premier, présent ou du passé
[186] Chacun de ses trois éléments a aussi trois identités de temps et peuvent se mélanger de différentes façons pour une action ou résultat différent.

discours du passé de lui ou d'autres Tsadikim qui sont revêtus maintenant dans sa voix, sa parole ou son souffle. Mais du souffle du passé, que ce soit de lui ou d'autres ; la prophétie ne peut être tirée de là. Roua'h Hakodesh est précisément du souffle passé de lui, ou d'autres. Mais de la voix passée ou de la parole, que ce soit de lui ou appartenant à d'autres Tsadikim ; cela n'est pas appelé Roua'h Hakodesh, mais plutôt prophétie.

Le plus haut niveau de prophétie

Il y a plusieurs niveaux pour ceux qui ont la prophétie ou Roua'h Hakodesh. Conformément à l'aspect de leur prophétie est le niveau de leur élévation. Le plus grand de tous les prophètes est Moshe Rabenou, après lui est Shmouel le prophète. Comme il est écrit ; Moshe et Aharon, ses prêtres et Shmouel parmi ceux qui invoquent Son nom (Téhilim 99). Moshe Rabenou était du plus élevé de tous les niveaux ; de sa propre première voix était vêtue dans sa voix de maintenant. Par conséquent, les deux degrés étaient trouvés à la fois en lui, et comme la première et la dernière voix étaient les siennes et il n'avait point besoin d'autres.

Comme mentionné ci-dessus, la voix est supérieure à la parole, et la parole plus que le soufflé. De plus, il prophétisa aussi avec la voix, la parole ou du souffle d'autres Tsadikim.

Tous les autres aspects sont dans les autres prophètes. Sauf que leurs niveaux ne sont pas égaux, le niveau de celui-ci est supérieur à celui de son compagnon, conformément à l'ordre des niveaux que nous avons mentionnés.

Le plus haut niveau de Roua'h Hakodesh

Le roi David atteint le plus haut niveau de Roua'h Hakodesh, tout comme Moshe Rabenou dans la prophétie. Son propre souffle passé se revêtait dans son souffle présent aussi.

Tout le reste des niveaux sont divisés entre ceux qui ont Roua'h Hakodesh, chacun selon son niveau. Comme dans la prophétie, il y a beaucoup de niveaux dans Roua'h Hakodesh et tout cela sur la question de celui qui reçoit, que ce soit dans sa voix ou dans son discours.

Les origines des niveaux de prophétie

La différence entre les niveaux des prophètes est dans le lieu de leur saisie. Leur degré dépend donc de quel niveau la prophétie a été tirée. Comme il a été expliqué dans le Zohar [187]; les prophètes sont de Netsa'h et Hod.

La prophétie est en Netsa'h ou Hod. Roua'h Hakodesh en Malkhout ou Yesod. Moshe est en Netsa'h, Aharon en Hod.

Moshe Rabenou, le chef de tous les prophètes, prophétisait des deux parties supérieures de Netsa'h et Hod de Z'A, de l'aspect de leur devant. Shmouel le prophète prophétisait de l'avant de la partie supérieure de Netsa'h de Z'A.

A'hiyah le Silonite prophétisait de l'arrière des deux parties supérieures de Netsa'h et Hod de Z'A. Dans la mesure où il prophétisait des deux piliers, ce fut supérieur à Shmouel, mais comme c'était à partir de l'arrière, il était plus petit que Shmouel. Eliyahou le prophète, l'élève de A'hiya le Silonite, prophétisait de l'arrière de la partie supérieure de Hod de Z'A.

---

[187] Parasha Pekoudé, 247b

Le reste des prophètes étaient dans les deux parties médianes et les deux parties inférieures de Netsa'h et Hod. Yehoshuah prophétisait du Yesod de Z'A, considérant qu'il était de la tribu de Yosef.

Les secrets du pouls

Lorsque vous sentez avec votre main votre pouls, vous trouverez parfois qu'il est d'une impulsion d'un point, et ensuite un deuxième point à son côté ; tel est le secret de la voyelle Tséré. Parfois, l'impulsion est d'un point au-dessus et un second point en dessous ; il est la voyelle Sheva. Ou l'impulsion est un long point et le deuxième seulement d'un petit point ; ceci est la voyelle Kamats, et de cette façon pour le reste des voyelles. Cela montre quel aspect de vitalité est attiré sur lui à ce moment-là.

Si le pouls est comme Kamats, il montre la prédominance de l'aspect de Keter de 'Hokhma, d'où il envoie la vitalité et l'illumination à tous les membres à ce moment-là. Si le pouls est comme un Pata'h, cela montre que la vitalité des membres est attirée de 'Hokhma de 'Hokhma et ainsi de suite, selon l'ordre des voyelles avec les neuf Sephirot, comme expliqué dans le Zohar - Tikounim. Parfois, il y aura la connexion de deux voyelles ensemble, comme Sheva Tséré, Sheva Kamats, Sheva Pata'h, Sheva Ségol et ainsi de suite. Par cela, nous comprendrons et connaîtrons l'aspect du péché d'un homme, parce que si le pouls est comme Kamats, cela montre qu'il a péché en Keter, et donc il (Keter) s'intensifie maintenant et montrer sa force, de sorte qu'il ne sera pas repoussé à cause du péché. Si nous voyons qu'un aspect est plus fort, cela montre la carence de cet aspect.

Comme il est écrit ; vous enlevez leur souffle et ils meurent (Psaume 104). Tout ce qui est faible monte en puissance afin d'être. Parfois, cela montre le contraire ; qu'il a fait une Mitsva dans cet aspect, mais nous ne savons pas exactement dans quelle mesure.

Le rêve de Rabbi Sagis

J'ai également entendu au sujet de mon maître du sage Rabbi Sagis ; qu'une fois il avait rêvé que ses Tefillin étaient défectueux et qu'on lui avait ordonné de faire des nouveaux. Mon maître lui interpréta que sa femme était enceinte d'un enfant de sexe masculin et qu'elle aurait une fausse couche, après, elle deviendra à nouveau enceinte avec un enfant de sexe masculin qui restera en vie, et il fut comme il interpréta.

Sagesse du visage

Intéressante est la question de la sagesse du visage. Sachez que les 22 lettres de l'alphabet hébreu sont gravées dans l'homme tel que mentionné dans le livre de Yetsirah sur les trois fondations ; air, eau et feu.

De même, il y a aussi 22 lettres dans le Nefesh d'un homme, 22 dans son Roua'h et 22 dans sa Neshama. La différence est que les 22 lettres de Nefesh sont petites, les 22 lettres de Roua'h de taille moyenne et les 22 lettres de Neshama sont plus grandes, comme il y a dans les lettres écrites dans la Torah des petites, moyennes ou plus grandes.

Pour celui qui a seulement le niveau de Nefesh, juste les petites lettres seront révélées en lui. Pour celui qui a le niveau de Roua'h, d'abord les petites lettres apparaissent, elles sont cachées et couvertes et les lettres moyennes sont ensuite révélées. Par après, ces lettres moyennes sont couvertes à nouveau, et les lettres minuscules sont ensuite révélées, et cela continuellement.

Pour celui qui a également le niveau de Neshama, toutes les trois dimensions des lettres sont révélées ; petites, moyennes et grandes. Une est révélée, puis couverte, et la suivante révélée et ainsi de suite sans cesse. Comme il est écrit dans le Zohar Parachat Vayakhel (page 210a) concernant le Gan 'Eden où les lettres brillent, reviennent pour éclairer et ainsi de suite.

Lettres sur le front

Les lettres, Te'amim[188] et voyelles sont révélées sur le front d'un homme. Le Arizal révéla que celui qui a des Tagin[189] sur ses lettres est de Atsilout. Toutes les 22 lettres de l'aspect de Nefesh soulignent le Tikoun de Nefesh et son manque, conformément à ce qui lui manque ; le Nefesh évitera la représentation de ces lettres sur le front et seules les lettres rectifiées seront dévoilées et se démarqueront. Elles s'allumeront, tandis que les autres qui sont sombres font défaut et donc cachées.

Un homme qui demande à ce sujet d'un homme sage compétent dans la sagesse du visage, mais dont les lettres ne sont pas reconnaissables sur son front, cela signifie que sa mort a déjà été décrétée, à Dieu ne plaise, et il mourra dans les trente jours. Il aura besoin d'un grand Tikoun dans l'espoir d'annuler ce décret. Un homme a un Nefesh, Roua'h et Neshama intérieur dans lui et de même un Nefesh, Roua'h

---

[188] Notes de cantillation
[189] Couronnes

et Neshama l'encerclant de l'extérieur aussi avec l'aspect des 22 lettres. Parfois, elles se cognent les unes les autres et parfois les lettres de la lumière encerclantes dominent les lettres de la lumière intérieure. Tout cela est en fonction des actions de l'homme et par là, beaucoup de choses peuvent être connues.

Ceci est le secret pourquoi les lettres apparaissent sur la peau sur le front, semblable aux étoiles qui apparaissent dans le firmament, comme mentionné dans le Zohar dans Parachat Yitro (page 71 b).

La lumière intérieure sort vers l'extérieur et brille sur la peau, de même la lumière encerclante cogne, brille là aussi et ainsi toutes les lumières sont révélées ensemble.

À partir des 22 lettres sur le front ; celles nécessaires pour une indication particulière se démarquent et allument plus, de la même manière que l'ont fait les lettres sur le pectoral[190] et les Urim et Tumim[191]. Elles se révèlent et se recouvrent, donc une grande observation est nécessaire avant qu'elles ne disparaissent de devant les yeux, et une forte concentration est nécessaire pour comprendre ces choses avec une grande vitesse avant qu'elles ne se cachent.

Chacune des dix Sephirot a certaines lettres particulières et les 22 lettres sont divisées parmi les 10 Sephirot comme écrit dans le Zohar[192]. Un Sephira aura des lettres uniques en fonction de sa nature. Pour reconnaître de quelle racine où

---

[190] Du Cohen Ga dol
[191] Pierres sur le pectoral qui révélaient la réponse divine aux questions posées
[192] Ahare Mot, 66b et 78a

Sephira est l'âme d'un homme ; vous verrez ces lettres gravées et briller plus que les autres.

Le Arizal pouvait amener une âme vers lui et lui parler

Il avait la connaissance et le pouvoir d'appeler le Nefesh ou le niveau supérieur d'un Roua'h ou Neshama d'un homme et de lui parler. En lui posant des questions et l'examinant, il lui répondait à tout ce qu'il demandait et tout ce qui lui était arrivé avec tous les détails. Il me dit une fois que quand il voyait les lettres du front, parfois elles étaient trop subtiles, cachées, recouvertes ou inversées. Mais quand il demandait et examinait l'âme d'un homme, il comprenait les choses avec une grande véracité et clarté. L'homme est composé de Yetser Hatov et Yetser Harah[193], parfois le Yetser Hara montre des lettres qui indiquent quelque chose de faux, surtout si c'est dans la nature de cet homme de dire des mensonges.

Les lumières des bénédictions

Le Arizal révéla également que les 100 bénédictions qu'un homme dit tous les jours pointent vers les 22 lettres. Du secret des bénédictions, des lumières sont faites autour des lettres, comme une couronne qui entoure la lettre et l'illumination de cette lumière est supérieure à la lumière de la lettre elle-même. Mais quand vous voyez que la lumière de la lettre est plus grande que sa lumière encerclante, cela montre que la bénédiction a été faite en vain, puisque la lumière de la lettre annule la lumière encerclante. Selon la position de cette lettre, nous pouvons comprendre quelle bénédiction a était dite en vain.

---

[193] Bonne et mauvaise impulsion

Étant donné que les 22 lettres sont dépendantes des 100 bénédictions, quand un homme ne dit pas l'une d'elles, il lui manquera cette lettre de laquelle cette bénédiction dépend. S'il a dit la bénédiction, mais y a fait une erreur, cette lettre sera présente, mais déficiente. S'il dit la bénédiction correctement, mais ne se concentre pas, cette lettre sera obscurcie et ne sera pas illuminée.

L'homme est formé par les 22 lettres, comme mentionné dans le livre de Yetsirah. S'il n'a que le niveau de Nefesh, seules les petites lettres apparaîtront, si il mérite aussi le niveau de Roua'h, les lettres moyennes seront apparaîtront également et s'il a aussi le niveau de Neshama, les grandes lettres apparaîtront aussi.

La couleur des lettres du Nom[194]

Il y a aussi un signe pour qu'un homme reconnaisse son péché, il doit imaginer les quatre lettres du Nom écrit dans le script Ashourit, parce que c'est le secret de ; je mets Dieu devant moi continuellement. (Téhilim 15). Au moment où il l'imagine, s'il a fait un péché qui a endommagé l'une des quatre lettres, cette lettre ne peut être formée dans son imagination, et à travers cela, il saura qu'il y a là un dommage. De même, si la lettre qu'il imagine est à l'encre noire, il saura qu'il est encore du niveau de Asiah. Si rouge ; il est du niveau de Yetsirah, si blanc ; de Beria et si blanc, s'allumant et brillant ; de Atsilout. Grâce à cela un homme reconnaîtra à quel monde il est attaché. J'ai entendu de mon maître que l'idéal est lorsque le nom apparaît comme une

---

[194] Havayah

flamme de feu. S'il peut être représenté de cette manière, cet homme est entier et sans dommage.

Lettres des Mitsvot

Les Mitsvot ont une lettre qui pointe à chacune d'elles. Par conséquent, le jour où un homme fait une Mitsva, elle apparaîtra brillante, mais pour la Mitsva de Tsedakah elle illuminera toute la semaine, dans le secret de ; et sa Tsedakah reste à jamais (Téhilim 111). Il avait également dit que l'homme a 613 Mitsvot, correspondant à eux, il a 613 étincelles dans la racine de son Nefesh, 613 dans son Roua'h, et 613 dans sa Neshama. Quand un homme est complètement rectifié, les 613 étincelles du niveau de Neshama sont révélées.

Histoire de la Kabbalah

L'histoire de la Kabbalah peut être retracée à Avraham le patriarche qui a écrit le Sepher HaYetsira - Livre de la formation. Depuis lors, de nombreux développements suivant les errances du peuple juif dans les différents continents, ont clarifié davantage ses concepts.

Première période - Le début

Aprox. 1750 B.C.E, Israël

La tradition veut que l'un des premiers écrits de la Kabbalah appelé Sepher HaYetsira (Le Livre de la Formation) fût composé par Avraham Avinou. Il est le premier livre qui mentionne un système de dix lumières appelées Sephirot.

Deuxième période - Le Zohar

Aprox. 240 C.E, Israël

Rabbi Shimhon Bar Yo'hay né en Galilée et mort à Meron, Israël au cours du 2ème siècle. Il était un disciple de Rabbi Akiva. Pour échapper aux Romains, il se cacha avec son fils Rabbi Elazar dans une grotte pendant treize ans. Pendant ce temps, il composa le Zohar, qui est l'explication ésotérique et mystique de la Torah, et la base de la plupart des écrits de la Kabbalah.

Troisième période - Impression du Zohar

1200 - 1300

Après avoir disparu pendant environ mille ans, le livre du Zohar est retrouvé et imprimé par le rabbin Moshe de Leon (1240-1305) en Espagne. Cette nouvelle impression sera diffusée dans toute l'Europe, l'Afrique du Nord, au Moyen-Orient et permettra une étude plus répandue de ses écrits. Certains lui accréditent d'en être son auteur, mais aucun des principaux kabbalistes ne sont d'accord avec cela. Cela est aussi la période de la Kabbalah Prophétique tel qu'enseigné par le rabbin Abraham Abul'afia.

Dans les villes de Provence en France, Gerona en Espagne, et Worms en Allemagne ont été formés trois des principaux centres de la Kabbalah de cette période. Sous les kabbalistes de premier plan comme Rabbi Itshak l'aveugle, Rabbi Ezra de Gérone, le rabbin Elazar de Worms, Na'hmanide et d'autres, des œuvres essentielles furent publiées tel que le Sepher HaBahir, Sepher Ha'Hesed et des commentaires importants sur le Sepher HaYetsira.

En France, un type de mysticisme contemplatif fut développé avec méditation sur la prière et les Sephirot.

En Espagne, un effort fut fait afin d'amener les grandes idées de la Kabbalah à un public plus large.

En Allemagne, le rabbin Elazar de Worms avait déclaré que Dieu est encore plus proche de l'univers et de l'homme, que l'âme est au corps.

Rabbi Moché Ben Na'hman (Na'hmanides) - Ramban (1195-1270), né à Gérone était comme le Rambam avant lui, à la fois médecin et grand érudit de la Torah. Cependant, contrairement au Rambam, il était également expert dans le Zohar et la Kabbalah et écrit un commentaire mystique sur la Torah. Le Arizal avait confirmé la profondeur et la fiabilité de la partie mystique du commentaire sur la Torah du Ramban. Na'hmanides également déclara qu'il est une Mitsva de vivre en Israël. Il y déménagea et y vécut jusqu'à la fin de sa vie.

Rabbi Abraham Abul'afia (1240-1291) né à Saragosse fut le précurseur de ce qu'on appelle la Kabbalah prophétique, où les combinaisons et permutations de Autiot (lettres), chiffres et Nikoud (voyelles) sont des symboles qui expliquent et décrivent des profondes significations ésotériques. Certaines de ses œuvres les plus connues sont Ot Sefer et Imre Shefer.

Rabbi Yosef Gikatila (1248-1310), né en Castille étudia avec Rabbi Abraham Abul'afia, qui le confirma comme son élève le plus doué. Il écrit Ginat Egoz, Chaare Orah, Shaarei Tzedek et Shaar HaNikoud. Il était apparemment ami avec Rabbi Moshe de Leon.

Les kabbalistes de Tsfat

1500, Tsfat, Israel

Après l'expulsion d'Espagne en 1492, quelques importants kabbalistes espagnols vinrent à Tsfat, Israël. Rabbi Moshe Kordovero (1522-1570) fut le fondateur de l'académie de Kabbalah de Tsfat, un de ses meilleurs étudiants était Rabbi Haim Vital. Il prévit la venue des enseignements de l'Arizal et admis à l'avance leur véracité. Certaines de ses œuvres principales sont Tomer Deborah, Pardes Rimonim et Or Yakar. Cela était l'âge d'or de la Kabbalah.

Rabbi Yosef Karo (1488-1575), connu comme l'auteur du Shoul'han Aroukh - le Code de la loi juive, né en Espagne, il fuit ce pays au cours de l'inquisition comme un jeune enfant avec sa famille et de nombreux Juifs qui furent expulsés en l'an 1492. Quand il s'installa à Tsfat, il fut nommé membre du tribunal rabbinique de la ville. La Cour rabbinique de Tsfat était devenue le tribunal rabbinique central dans et à l'extérieur d'Israël. Il eut une révélation d'un Maguid[195] qui lui révéla des profonds secrets de la Kabbalah.

---

[195] Guide céleste

Au cours de cette génération, Rabbi Itshak Louria Ashkenazi, le Arizal (1534-1572), né à Jérusalem, devint le principal kabbaliste de Tsfat. Il expliqua et clarifia tous les principaux concepts de la Kabbalah et innova également dans l'explication des Sephirot et Partsoufim (configurations). Il est l'auteur du corpus Ets Haim, Kitve HaAri, qui contient toutes ses œuvres dans le style de Shaare (entrées) et est aujourd'hui la référence majeure dans la Kabbalah.

Rabbi Haïm Vital (1542-1620), est surtout connu comme l'étudiant principal et auteur des enseignements du Arizal, il était aussi un kabbaliste accompli et écrivain qui étudia la Kabbalah sous le Rabbin Moshe Kordovero (Ramak). À l'âge de 26 ans, il commença à écrire un commentaire sur le Zohar selon les enseignements du Ramak. Son fils Rabbi Shmouel Vital hérita de beaucoup de manuscrits des enseignements kabbalistiques du Arizal de son père. Il organisa ces derniers dans huit catégories, connues sous le nom Shemoneh Shearim (huit portes). Il écrivit également plusieurs ouvrages kabbalistiques.

Mouvement hassidique

1700, Europe de l'Est

La période hassidique commença avec le Ba'al Shem Tov (1698-1760), le fondateur du mouvement hassidique. Il déclara l'univers entier, l'esprit et la matière comme une manifestation de Dieu, et que celui qui soutient que cette vie est sans valeur est dans l'erreur. Elle a une grande valeur ; seulement il faut savoir l'utiliser correctement. Les enseignements du Ba'al Shem Tov étaient largement fondés sur les enseignements kabbalistiques du Arizal, mais son approche fit que les avantages de ces enseignements soient accessibles même au plus simple Juif.

Certains des autres dirigeants importants qui ont fondé leur propre mouvement hassidique sont Rabbi Na'hman de Breslev (1772 à 1811), arrière-petit-fils du Baal Shem Tov, il donna une grande importance à la Dvékout (attachement à Dieu) et à la pure joie. Certaines de ses œuvres principales sont Likutey Moharan, Tikoun Haklali, et ses histoires et fables bien connues. Rabbi Shnéour Zalman de Liadi (1745-1813), le Ba'al HaTanya, fondateur du mouvement Habad Loubavitch. Il étudia sous le Maguid de Mezritch les écrits du Ari, et composa le Tanya.

Maîtres Européens

1700, Europe

Dans la même période, il y avait d'autres autorités importantes de la Kabbalah dans d'autres parties de l'Europe tel que Rabbi Moshe Haim Luzzatto - Ram'hal (1707-1746) qui vécu en Italie et Amsterdam. Dès son jeune âge, le Ram'hal avait montré un talent exceptionnel pour l'étude de la Kabbalah ; il est dit que quand il avait seulement quatorze ans, il connaissait déjà toute la Kabbalah du Arizal par cœur, et personne ne le savait, pas même ses parents. Il était un écrivain très prolifique qui écrit sur tous les aspects de la Torah et la Kabbalah. Cependant, à cause de fausses accusations, il fut malheureusement persécuté, pour la majorité de sa courte vie. Certaines de ses œuvres principales sont Kala'h Pit'he 'Hokhma, Klalut Hailan et Adir Bamaron.

Rabbi Eliyahou de Vilna - Le Gaon de Vilna (1720-1797) né en Lituanie, il fut l'un des principaux dirigeants des Mitnagdim (opposants au mouvement hassidique). Il est considéré comme l'un des plus grand érudit de la Torah et kabbaliste des deux derniers siècles. Parmi ses ouvrages sur la Kabbalah sont Kitve Hagra Be'eniene Kabbalah

Maîtres séfarades

1700 - Afrique du Nord et Moyen-Orient

Sur un autre continent, l'étude de la Kabbalah et surtout le Zohar fut également largement répandue. Certains érudits importants sont Rabbi Shalom Sharabi - Le Rashash (1720-1777). Après avoir quitté le Yémen alors qu'il était déjà connu dans son pays comme un kabbaliste, il garda ses capacités cachées en Terre sainte. Il fut embauché en tant que Shamash dans la Yeshiva Beit El, le principal centre d'étude Kabbalah en Israël. De cette façon, il resta anonyme et son emploi principal était de garder les livres en ordre et servir des boissons et du thé chaud.

Une fois, le Rosh Yeshiva étudiait avec ses élèves et une question très difficile surgit que personne ne pouvait résoudre. Quand tout le monde partit, le Rashash inséra la réponse dans le livre de Rabbi Gedalya. Cela se répéta plusieurs fois jusqu'à ce qu'il fût découvert que c'était le Rashash. Il fut ensuite nommé Rosh yeshiva après le décès du rabbin Gedalya et continua à publier des travaux très importants sur la Kabbalah, et en particulier sur les Kavanot. Ses principales publications sont; Rehovot HaNahar et Sidour HaRashash le principal livre de prières utilisé aujourd'hui par les kabbalistes.

Rabbi Yaacov Abe'htsera (1808-1880), né au Maroc, il était un kabbaliste renommé pour sa piété et pour ses miracles. Il a composé des œuvres sur toutes les facettes de la Torah, y compris des commentaires importants sur l'explication kabbalistique de la Torah. Certaines de ses œuvres principales sont Makhsof Halavan et Pitu'he 'Hotam. Aussi du Maroc était Rabbi 'Haïm Benatar - Or HaHaim (1696-1743). Le Ba'al Shem Tov était convaincu que le Or HaHaim était le Mashiah de cette génération. Son travail principal est le commentaire de la Torah ; Or HaHaim. De l'autre côté du continent, le rabbin Yosef Haim - Ben Ish 'Hai, (1834 - 1909), né en Irak, était un auteur prolifique qui écrivait à une vitesse incroyable. On disait qu'il finissait d'écrire une page complète avant que l'encre en haut de la page n'ait séché. Il expliqua les Halakhot (lois) au niveau kabbalistique, mais dans un langage accessible.

Les derniers kabbalistes

1900 - Israël

Depuis le début de ce siècle, Israël est considéré comme le principal centre de la Kabbalah. L'un des plus importants kabbalistes contemporains était Rabbi Yéhouda Ashlag (1886-1955). Son travail principal est la traduction du Zohar de l'Araméen à l'Hébreu, appelé HaSoulam. D'autres kabbalistes importants sont Rabbi Israël Abe'htsera - Baba Sali (1890-1984), Rabbi Yéhouda Tsvi Brandwein (1904-1969), Rabbi Avraham Itshak Hacohen Kook (1865-1935), Rabbi Yéhouda Fatiyah (1859-1942), Rabbi Itshak Kadouri (1898-2006) et d'autres.

Chacun de ces grands savants de Kabbalah apporta ses propres explications et innovations à cette merveilleuse science. Ils ont laissé une multitude d'écrits sur la Kabbalah, aujourd'hui disponible à l'étudiant sérieux de la véritable et authentique Kabbalah.

Glossaire de Kabbalah

A"K
Adam Kadmon
Initiales

Abah
Partsouf Abah
L'un des cinq *Partsoufim* principaux (configurations). C'est la *Séphira* 'Hokhma.

Abah Ve Imah
Partsoufim Abah et *Imah*
Ces deux *Partsoufim* (configurations) sont essentiels pour la direction des mondes, *Abah* est la *Séphira* 'Hokhma, *Imah* est la *Séphira Binah*.

Adam Kadmon
Homme primordial - monde au-dessus de *Atsilout*
Cette première configuration, ou premier monde où les lumières émanées furent arrangées en dix *Séphirot* linéaires.

Adona-y
Un des noms de Dieu, représenté par la *Séphira Malkhout*.

AHY-H
Un des noms de Dieu, représenté par la *Séphira Keter*.

Or
Lumière
Nom utilisé pour décrire une émanation, une force ou énergie.

A'hor

Derrière - dos

En général cela représente la rigueur.

A'her

Autre

Nom également utilisé pour l'autre force ou côté négatif.

Ilan

Arbre La disposition des *Séphirot* dans l'arrangement des trois piliers s'appelle l'arbre *Séphirotique*.

Ein Sof

Sans fin ou limite - Infini

Un des noms de Dieu. C'est le nom de Dieu le plus souvent utilisé dans la Kabbalah.

Elohi-m

Un des noms de Dieu, représenté par la *Séphira Gevourah*. En général, il dénote la rigueur dans les actions de Dieu.

Imah

Partsouf Imah

Une des cinq configurations principales. C'est la *Séphira Binah*.

Atsilout

Monde de l'émanation

Le plus haut des quatre mondes, au-dessus des mondes de *Beriah*, *Yetsirah* et de *'Asiah*. De *Atsilout* ont émané tous les mondes inférieurs qui sont la source d'existence pour les entités séparées et physiques.

Atsilout, Beriah, Yetsirah et 'Asiah

De la première configuration, *Adam Kadmon* (homme primordial) des émanations firent les quatre mondes inférieurs. Le premier monde est *Atsilout* - le monde de l'émanation. Sous le diviseur d'*Atsilout* est le monde de *Beriah* (création) - le monde des *Neshamot* (âmes). Sous le diviseur de *Beriah* est le monde de *Yetsirah* (formation) - le monde des anges. Sous le diviseur de *Yetsirah* est le monde de *'Asiah* (action) - le monde physique.

Arikh Anpin

Partsouf - long visage

C'est le *Partsouf* (configuration) principal dans chaque monde. Tous les autres *Partsoufim* sont ses « branches ».

ATBaSH

Permutation de lettres pour comprendre des significations cachées de mots. La première lettre remplacée par la dernière, la seconde par l'avant dernière, etc.

Binah

Séphira (discernement), troisième des *Séphirot*.

Baroukh Hu, ou B' H

Béni Il est.

Généralement utilisé après la prononciation ou l'écriture des noms de D.

Beriah

Monde de la création - des âmes

Le deuxième monde à se dévoiler s'appelle *Beriah* ; le monde de la création. C'est le monde des *Neshamot* (âmes). Il est sous *Atsilout* et au-dessus de *Yetsirah* et *'Asiah*.

Bar Yo'hay

Rabbi Shimhon Bar Yo'hay

Pour échapper aux Romains, il entra pour se cacher avec son fils Rabbi Elazar dans une caverne pendant treize années et y composa le Zohar.

Berakha

Bénédiction.

En disant la bénédiction avec la méditation kabbalistique sur les mots ou les noms appropriés, nous agissons et participons directement sur le *Tikoun* (réparation) de la chose à être bénie.

Shalosh Rishonot

Les trois premières *Séphirot :*   *Keter, 'Hokhma, Binah*

G"aR

Initiales des trois premières *(Shalosh Rishonot)*

Gevourah

Rigueur

Les résultats de sa lumière une fois filtrés par la *Séphira Gevourah* émanent la rigueur. La rigueur est la plupart du temps manifestée par tous les aspects féminins tel que : le nom de *BaN* (52), la *Séphira Gevourah*, et par le voilement des aspects masculins qui représentent la bonté.

Gevourah
Séphira (rigueur)
Cinquième *Séphira*.

Guématria
Valeurs numériques des lettres Chaque lettre a sa propre valeur numérique. Le fait que des mots aient la même valeur numérique n'est pas simplement coïncidence, mais dénote une similitude ou une complémentarité.

Gilgoul
Réincarnation
Le *Tikoun* de l'âme est souvent réalisé par le *Gilgoul* (réincarnation) où l'âme revient dans un autre corps afin d'accomplir un manque ou rectifier une faute.

Gan Éden
Le jardin d'Éden
L'endroit de repos pour les *Neshamot* (âmes) après leur séparation d'avec leurs anciens corps physiques. Il y a un Gan 'Eden inférieur et supérieur.

Gan Éden Takhton
Le jardin d'Éden inférieur
Dans le *Gan 'Éden* inférieur, les *Neshamot* (âmes) apprécient les plaisirs spirituels, mais ont toujours un corps spirituel qui ressemble à leur ancien corps.

Gan Éden 'Elyon

Le jardin d'Éden supérieur

Dans le *Gan 'Éden* le plus élevé, les *Neshamot* (âmes) apprécient des plaisirs spirituels purs, et n'ont plus d'image spirituelle ressemblant à leur ancien corps.

Gashmiout

Corporalité

Les possibilités d'existence pour les entités séparées ne sont devenues possibles, qu'une fois seulement distancées de l'intensité de Sa lumière. Plus la distance est grande, plus la corporalité est possible.

Domem, Tsomeakh, 'Hay, Medaber

Minéral, végétal, animal et parlant

En parallèle aux quatre mondes d'*Atsilout*, *Beriah*, *Yetsirah* et *'Asiah*, il y a quatre types d'existence dans notre monde : minéral, végétal, animal, et parlant.

Da'at

Séphira (connaissance)

Quatrième des *Séphirot*.

Da'at

La connaissance

La connaissance essentielle est celle de la volonté du Créateur et de Ses voies de direction dans cette existence, tel qu'expliqué dans la Kabbalah.

H'
Hashem - God

Hod
Séphira - gloire
Huitième des *Séphirot*.

HaVaYaH
Une des façons de mentionner le Tetragamon ה - ו - ה -י
sans le prononcer.

Hekhal
Portail - niveau
Les *Hekhalot* sont les différents niveaux d'ascension des
prières avant d'atteindre le *'Olam Atsilout* pendant la *'Amidah*.

Hanhagah
Direction
La direction des mondes est faite par l'influence des *Séphirot*
et des *Partsoufim* (configurations).

Hasagah
Compréhension
Pour atteindre un plus haut niveau de connaissance et de
compréhension, on doit faire l'effort d'étudier le *Sod* (secret)
de la *Torah* qui est la Kabbalah.

Hishtalshelout
Évolution - Série d'événements
Dans la Kabbalah, la *Hishtalshelout* est la série d'événements
à partir du premier acte dans la création qui est le

« *Tsimtsoum* » (rétraction), jusqu'aux arrangements complexes qui font la direction des mondes.

Sheva' Malkhin
Sept rois
Les sept rois d'Edom qui sont morts (Bereshit, 36, 31), correspondent aux sept *Séphirot* inférieures qui se sont brisées pendant la *Shvirat Hakelim* (des récipients).

Z'A
Zeir Anpin (petit visage)
Initiales du *Partsouf Zeir Anpin*, utilisées plus souvent que le nom au complet.

Za'T
Zain Takhtonot
Initiales : Sept inférieures

ZouN
Zeir Anpin et *Noukvah*
Initiales des *Partsoufim Zeir Anpin* et *Noukvah*, utilisées plus souvent que les noms au complet.

Zivoug
Union
Le *Zivoug* est l'union du masculin avec son féminin. Tous les effets des émanations supérieures sont le résultat des différentes unions de lumières masculines et féminines. Le rôle de l'homme est d'aider et provoquer ces unions de configurations afin d'obtenir un résultat.

Zayin Takhtonot

Sept inférieurs

Les sept *Séphirot* inférieures : *'Hesed, Gevourah, Tiferet, Netsa'h, Hod, Yesod, Malkhout.*

Zeir Anpin

Partsouf Zeir Anpin (petit visage)

Zeir Anpin (Z'A) se compose des sept *Séphirot* inférieures : *'Hesed, Gevourah, Tiferet, Netsa'h, Hod, Yesod* et *Malkhout.* C'est la principale configuration par rapport à la manifestation de la direction dans notre monde.

'Habad

'Hokhma, Binah et *Da'at*

Initiales du premier triplet de *Séphirot* : *'Hokhma, Binah* et *Da'at.*

'Harat

'Hesed, Gevourah et *Tiferet*

Initiales du deuxième triplet de *Séphirot* : *'Hesed, Gevourah* et *Tiferet.*

'Homer

Matériel - Physique

La matérialité ne se retrouve que dans le monde inférieur *'Asiah* - action.

'Hibour

Attachement

Toutes les *Séphirot* et *Partsoufim* ont un certain degré d'attachement entre eux.

'Hayah
Quatrième niveau de l'âme

'Hayah est le quatrième niveau de l'âme et ne peut être acquis qu'après les niveaux précédents.

'Hitsoniout
Extériorité

La force extérieure ou négative - *Sitra A'hra* s'appelle également extériorité.

'Hokhma
Séphira - sagesse

Deuxième des *Séphirot*.

'Hokhmat Haemet
La connaissance de la vérité

Un des noms de la Kabbalah.

'Hallal
Espace - vide

L'espace vacant laissé par le *Tsimtsoum* (rétraction) de Sa lumière.

'Hesed
Générosité - bonté

La bonté est manifestée par le positionnement et l'interaction des différents *Partsoufim* masculins et féminins.

'Hesed

Séphira (bonté)

Quatrième des *Séphirot*.

'Hesed, Gevourah et Tiferet

Deuxième triplet des *Séphirot*.

Tameh

Impur

État de distance de la *Kedousha* et de proximité à la *Sitra A'hra* (force négative).

Adona-y

Y-H-V-H Tetragamon (ה - ו - ה י)

Le nom principal de D., indique la bonté et la pitié, représenté par la *Séphira Tiferet*. Les forces ou les énergies créatrices sont les différentes puissances investies dans les lettres du nom de D. ה - ו - ה י, et les diverses lettres supplémentaires ajoutées pour faire leurs différentes épellations.

Yom

Jour

Chaque nouveau jour est d'une nouvelle émanation qui le régit.

Yi'houd

Unification - union

L'union des *Séphirot* ou des *Partsoufim* pour le *Zivoug* et pour la descente de l'abondance.

Yi'houdo
Son Unicité
La lumière de D. est unique, de force et qualité égale, et au-delà de toute description.

Ye'hida
Cinquième niveau de l'âme
Ye'hida est le cinquième niveau et ne peut être acquis qu'après tous les niveaux précédents.

Yesod
Séphira (fondement)
Neuvième des *Séphirot*.

Yetsirah
Monde de la formation - des anges
Le troisième monde à se dévoiler s'appelle *Yetsirah* ; le monde de la formation, le monde des anges. Il est sous *Atsilout* et *Beriah* et au-dessus de *Asiah*.

Yetser
Instinct - impulsion
Le *Yetser Hatov* correspond au bon ou à l'impulsion positive chez l'homme, le *Yetser Hara'* est sa mauvaise ou négative impulsion.

Yerushalaim
Jérusalem
L'endroit le plus rapproché des émanations de Dieu.

ISOT
Partsoufim Israël Saba et *Tevounah*
Initiales

Kavana
Intention - concentration
Kavana est de comprendre les mots, le sens et se concentrer sur l'intention de la bénédiction ou de la *Tefilah* (prière).

Ka'HaB
Keter, *'Hokhma*, *Binah* Initiales

Kisey
Trône
Il y a trois types principaux de trônes :
- Kisey HaDin - trône de justice
- Kisey Hakavod - trône de gloire
- Kisey' *Ra'hamim* - trône de la miséricorde

Keli
Récipient
Chaque *Séphira* se compose d'un récipient appelé *Keli*, qui contient sa partie de lumière appelée *Or*.

Keter
Séphira - couronne
La première et plus importante des *Séphirot*.

Keter, 'Hokhma, Binah
Les trois premières *Séphirot*, souvent appelées Ga'R ; Shalosh Rishonot (trois premières).

227

Leah

Leah - *Partsouf Noukvah*

Le *Partsouf Noukvah* comporte deux *Partsoufim* distincts (configurations) : Ra'hel et Leah, *Partsouf* Leah est de l'aspect de la rigueur.

Lekabel

Recevoir

Le mot Kabbalah vient du verbe Lekabel (recevoir), mais pour recevoir, il est d'abord nécessaire de vouloir et de devenir un *Keli* (récipient) capable de recevoir et de contenir cette connaissance.

MaH (45)

Milouy (épellation) du nom י-ה-ו-ה avec un total de 45

Le nom de *MaH* (45) est le *Milouy* (épellation) de א, qui est un (ו) (Vav) ligne au milieu (miséricorde) qui unit deux י (Youd) (bonté et rigueur). Il est d'un aspect masculin et représente la bonté.

MaN

Mayin Noukvin (eaux féminines)

Initiales

Mo'hin

Cerveaux

Les *Mo'hin* sont la force directive donnée au *Partsouf* (configuration).

Milouy
Épellation
Selon les lettres qui sont employées, la valeur numérique d'un nom change et chacune de ses possibilités devient différente dans sa nature et actions.

Malakhim
Anges
Le monde des anges est le troisième monde ; *'Olam Yetsirah* - le monde de la formation.

Malkhout
Séphira (royauté)
Dixième des *Séphirot*.

Ma'asé Bereshit
Travaux ou actes de la création
Nom donné pour tous les détails du début de la création, du *Tsimtsoum*, des premiers mondes, *Séphirot*, etc.

Ma'asé Hamerkava
Travaux ou actes du char merveilleux
Nom donné pour tous les détails des *Séphirot*, *Partsoufim*, *Tikounim* et des *Zivouguim* qui influencent ou font la direction.

Mitsva
Commandement
Comme il y a 613 *Mitsvot*, il y a 613 veines et os à l'homme, 613 parties à l'âme, et chaque *Séphira* et *Partsouf* contiennent également 613 parties. Ce nombre n'est pas

arbitraire, car il y a des interdépendances et interactions importantes entre elles.

Mekoubal
Kabbaliste - Accepté
Un Mekoubal est une personne qui est acceptée pour recevoir cette connaissance et qui peut la contenir en menant une vie dans la droiture et dans le chemin de la *Torah* afin de constamment se renforcer.

Merkavah
Char
Les *Partsoufim* (configurations), *Séphirot* et l'arbre *Séphirotique*, avec toutes leurs interdépendances, actions et illuminations

NeHY
Netsa'h, *Hod* et *Yesod*
Initiales du troisième triplet de *Séphirot* : *Netsa'h*, *Hod* et *Yesod*.

Noukvah
Féminin - *Séphira Malkhout* – *Partsouf* Ra'hel, et Leah
Le *Partsouf* (configuration) *Noukvah* représente le féminin, le principe de la réception. Il comporte deux *Partsoufim* distincts : Ra'hel et Leah.

Nitsoutsot
Étincelles
Pour soutenir les sept *Séphirot* après qu'elles se soient cassées, 288 étincelles de leurs lumières sont descendues

230

aussi, car un raccordement à leurs lumières originales était nécessaire afin de les maintenir vivantes.

Nefesh
Âme - premier niveau de l'âme
Nefesh est le premier et plus bas niveau de l'âme.

Nefesh, Roua'h, Neshama, 'Hayah et Ye'hida
L'âme a cinq noms : *Nefesh, Roua'h, Neshama, 'Hayah* et *Ye'hida,* qui correspondent à ses cinq niveaux. L'âme est l'entité spirituelle à l'intérieur du corps, ce dernier étant seulement son vêtement externe.

Netsa'h
Séphira (splendeur), septième des *Séphirot.*

Nekevah
Femelle - féminine
La rigueur est manifestée par tous les aspects féminins et par la dissimulation des aspects masculins, qui représentent la bonté.

Nekoudot
Voyelles - Ponctuation - Points
Chaque voyelle correspond à une *Séphira.* En combinaison avec les lettres, elles dévoilent une facette de l'identité intérieure du mot.

NaRaN
Nefesh, Roua'h, Neshama
Initiales des trois premiers niveaux d'âmes.

Neshama
Âme - troisième niveau de l'âme
Neshama est le troisième niveau et ne peut être acquis qu'après les niveaux de *Nefesh* et de *Roua'h*.

SaG (63)
Milouy (épellation) du ה - ו ה - י avec un total de 63.
Le nom de *SaG* est le deuxième niveau des quatre noms pour un total de 63.

S''M
Initiales du principal ange destructif

Sod – ot
Secret - s
Par la connaissance de la Kabbalah, nous pouvons arriver à un niveau de compréhension supérieur, et arriver en quelque sorte, à 'décoder' les profonds secrets de la *Torah*.

Sitra A'hra
Force négative
La *Sitra A'hra* se retrouve dans le manque, ou l'absence de *Kedousha*.

Séphira
La lumière de D. est unique et de force et qualité égales. Une *Séphira* est en quelque sorte un « filtre » qui transforme cette lumière en une force ou attribut particulier, par lequel le Créateur guide les mondes.

Séphirot
Pluriel de *Séphira*
Voir *Séphira*

Séphirot HaYashar
Séphirot droites
Séphirot arrangées en trois colonnes : droite, gauche et milieu, représentant la direction du monde de la façon de *'Hesed*, *Gevourah* et *Ra'hamim* (bonté, rigueur et miséricorde).

Séphirot Ha'Igulim
Séphirot circulaires
Ces dix *Séphirot* sont responsables de la direction générale des mondes et ne sont pas influencées par les actions des hommes.

A'V
Milouy (épellation) du Nom י-ה-ו-ה avec un total de 72
Le nom de *'A''V* est du plus haut niveau des quatre noms *'A''V*, *SaG*, *MaH* et *BaN*

A'V, SaG, MaH, BaN
Épellation du Nom י-ה-ו-ה selon les quatre totaux de 72, 63, 45, 52
Il y a différentes façons d'épeler chacune des quatre lettres du nom de D. י – ה - ו - ה. Comme chaque lettre représente une valeur numérique, le total du nom épelé en entier change. Ainsi, chacune de ces épellations fera un nouveau nom ayant une identité, un rôle et une force particulière.

Avodah
Service - devoir
Prières, accomplissement des commandements, etc.

Olam
Monde
Un 'Olam est une possibilité et un type d'existence dans une dimension particulière.

Asiah
Monde de l'action - de l'homme
Le quatrième monde à se dévoiler s'appelle 'Asiah (action) - le monde de l'existence physique.

Eser
Dix
Nombre de Séphirot dans chaque monde, ainsi que dans chaque Séphira, Partsouf ou configuration. Presque tout ce qui existe se manifeste en dix énergies.

Atik Yomin
Partsouf - Ancien
Le Partsouf Atik Yomin est le plus rapproché des hautes émanations et donc supérieur à tous les autres Partsoufim.

Pnimiout
Intériorité
Ce qui est dedans ou intérieur.
S'applique en outre à une signification ou à une spiritualité plus profonde.

Partsouf

Configuration - visage

Un *Partsouf* est une configuration d'une ou plusieurs *Séphirot* agissant en coordination.

Partsoufim

Configurations

Voir *Partsouf*

Tsadik

Juste

État de proximité maximum à la *Kedousha* et de distance de la *Sitra A'hra* (force négative). Attribué aussi à la *Séphira Yesod*.

Tsinor

Conduit

Une *Séphira* est en quelque sorte un « conduit » qui transforme la lumière de D. en une force ou qualité particulière, par lesquelles le Créateur guide les mondes.

Tselem

Mo'hin (cerveaux) de *Z'A*

Les *Tselem* sont la force directive - *Mo'hin* (cerveaux) donné à la configuration *Zeir Anpin*.

Tsimtsoum

Contraction - rétraction

Le « *Tsimtsoum* » est le premier acte de l'*Ein Sof* (Infini) dans la création. C'est la rétraction de Sa lumière d'un certain espace en l'encerclant, afin de réduire son intensité et permettre aux êtres créés d'exister.

Kabbalah
La Kabbalah est l'explication mystique et ésotérique de la *Torah*. Elle enseigne le déploiement des mondes, les diverses manières de direction de ces mondes, le rôle de l'homme dans la création, la volonté du Créateur et plus.

Kabbalah Ma'asit
Kabbalah pratique
L'autre type de Kabbalah, où des noms ou combinaisons de noms d'anges sont employés avec des signes ou incantations, parfois écrits sur un parchemin, pour appeler ces puissances particulières à agir ou changer les états normaux d'événements.

Kadosh
Saint
État de proximité à la *Kedousha* et de grande distance à la *Sitra A'hra* (force négative).

Kadosh Baroukh Hou
Saint et béni il est
Un des noms de D.

Kedousha
Sainteté
État de sainteté où il n'y a pas de présence du mal. En accomplissant les *Mitsvot* et par les prières, les hommes font les *Tikounim* (rectifications) nécessaires pour détacher les

Klipot - écorces du mal, de la *Kedousha*. Le but final étant de créer une distance maximum entre la *Sitra A'hra* (force négative) et la *Kedousha*.

Kav
Rayon - ligne
Rayon de lumière qui a émergé du *'Ein Sof* (Infini) et est entré d'un côté du '" *Hallal* " (l'espace vide).

Koudsha BerikhHu
Saint et béni il est (Araméen)
Voir Kadosh Baroukh Hou

Klipot
Écorces (forces négatives)
Les *Klipot* sont la manifestation de la force négative.

Kilkoul
Détérioration - dommage
Kilkoul est l'opposé de *Tikoun* (rectification).

Roua'h
Âme – deuxième niveau de l'âme
Roua'h est le deuxième niveau de l'âme, il est acquis après le premier niveau de *Nefesh* et avant les prochains niveaux.

Rou'hani
Spirituel
Une personne spirituelle donnera de l'importance à la signification plus élevée des choses et vivra dans un chemin de droiture pour se renforcer constamment.

Ra'hel
Partsouf Noukvah - Ra'hel
Partsouf Ra'hel est l'essentiel de la configuration féminine *Noukvah*.

Ra'
Mal - Mauvais
Voir *Sitra A'hra*

Rapa'h Nitsoutsot
288 étincelles
Voir Nitsoutsot

Reshimou
Impression - trace
Impression ou trace de la première lumière qui est demeurée à l'intérieur de l'espace vacant après le *Tsimtsoum*.

Shvirat Hakelim
Brisure des récipients
Les récipients – réceptacles des sept *Séphirot* inférieures de l'aspect du nom de *BaN* ne pouvaient retenir l'afflux de leurs lumières et se sont cassés. Cela causa un dommage important lors de la création et donna au mal une possibilité d'exister.

Shabbat
Le septième jour, Shabbat correspond à la septième *Séphira* ; *Malkhout*.

Shoresh
Chaque chose ou existence a sa racine dans les forces ou énergies supérieures.

Shekhina
Présence divine.
Un des noms de D.

Shaar
Porte
Entrée ou portique à une connaissance ou à une dimension de compréhension.

Torah
La Kabbalah est l'explication mystique et ésotérique de la *Torah*. Tous les secrets profonds expliqués dans la Kabbalah ont leurs références dans les lettres, les mots et les différentes histoires relatées dans la *Torah*.

Tikoun
Réparation ou rectification
En Hébreu, le mot « *Tikoun* » a différentes significations. Il peut être compris comme réparation ou rectification, mais également comme fonction, relation ou action.

Tiferet
Séphira (beauté)
Sixième des *Séphirot*.

Tefilah

Prière

Rituels journaliers établis selon un ordre précis afin de faire unir des lumières et configurations supérieures. Cet ordre et basé sur les systèmes d'ascension et d'interactions des mondes, tel qu'expliqué dans la Kabbalah.

Téfilot

Prières

Pluriel de *Tefilah*

Taryag

613

Il y a 613 veines et os à l'homme. Pareillement, il y a 613 *Mitsvot*, 613 parties à l'âme, et 613 lumières dans chaque *Séphira* ou *Partsouf*, ce nombre n'est pas arbitraire, car il y a des interdépendances et des interactions importantes entre elles.

Bibliographie

Du Arizal
Ets Haim
Peri Ets Haim
Shaar Ruah HaKodesh
Shaar HaGilgulim
Shaar HaKavanot
Shaar HaPesukim
Shaar HaMitzvot

Sur le Arizal
Shivhe HaAri
HaAri Veguriav
Segulot HaArizal
Niglot HaAri

Du Ram'hal
Kalah Pit'he 'Hokhma
Pit'he 'Hokhma Vedaat

Zohar
Rabbi Shim'on Bar Yo'hai

Kabbalah Concepts
Rabbi Raphael Afilalo
Kabbalah Dictionary
Rabbi Raphael Afilalo